인권과 민주주의
뭔데 이렇게 중요해?

인권과 민주주의 뭔데 이렇게 중요해?

초판 1쇄 인쇄 2020년 9월 22일
초판 1쇄 발행 2020년 9월 29일

글 크리스티네 슐츠-라이스 **그림** 베레나 발하우스 **옮김** 손희주

펴낸이 이상순 **주간** 서인찬 **편집장** 박윤주 **제작이사** 이상광
기획편집 이세원 박월 **디자인** 유영준 이민정
마케팅홍보 신희용 김경민 **경영지원** 고은정

펴낸곳 (주)도서출판 아름다운사람들
주소 (10881) 경기도 파주시 회동길 103
대표전화 (031) 8074-0082 **팩스** (031) 955-1083
이메일 books777@naver.com **홈페이지** www.books114.net

리듬문고는 (주)도서출판 아름다운사람들의 청소년 브랜드입니다.

ISBN 978-89-6513-618-7 43300

———————

Title of the original German edition: Nachgefragt: Menschenrechte und Demokratie
by Christine Schulz-Reiss (illustrated by Verena Ballhaus)

© 2008, 2018 Loewe Verlag GmbH, Bindlach

All rights reserved
Korean Translation Copyright © 2020 by Beautifulpeople Publishing Co., Ltd
This Korean Edition was published by arrangement with Loewe Verlag GmbH, Bindlach through BRUECKE
Agency.

이 책의 한국어판 저작권은 브뤼케 에이전시를 통해 Loewe Verlag GmbH, Bindlach와 독점 계약을 한 (주)도서출판 아름다운사람들
에 있습니다. 신저작권법에 의해 한국 내에서 보호를 받는 저작물이므로 무단전재와 무단복제를 금합니다.

이 도서의 국립중앙도서관 출판예정도서목록(CIP)은 서지정보유통지원시스템(http://seoji.nl.go.kr)과
국가자료종합목록구축시스템(http://kolis-net.nl.go.kr)에서 이용하실 수 있습니다. (CIP제어번호 : CIP2020035669)

파본은 구입하신 서점에서 교환해 드립니다.

리듬문고 청소년 인문교양 03

인권과 민주주의

크리스티네 슐츠-라이스 글
베레나 발하우스 그림
손희주 옮김

먼데

이렇게 중요해?

서문

인권이란 한 사람이 자유롭고, 안전하며, 행복한 삶을 누릴 권리를 말한다. 그런데 자유롭고, 안전하며, 행복하게 산다는 것은 무슨 의미일까? 현재 우리가 사는 모습을 이런 삶이라고 말할 수 있을까? 잠잘 곳이 있고, 먹을 것이 충분하며, 입을 옷이 있고, 두려움 없이 혼자 바깥을 돌아다니고, 학교에 갈 수 있으며, 방학도 있다. 하지만 우리는 세상의 모든 사람이 우리와 같은 삶을 누리지는 못한다는 사실을 잘 안다. 폭력과 위기 상황을 피해 안전한 곳을 찾아 고향을 떠나는 난민만 봐도 그렇다. 이런 많은 사람 중에는 고향을 떠나 달랑 혼자 다른 나라로 와야만 하는 어린이와 청소년도 있다.

인권이라는 말을 들으면 우리는 날마다 신문이나 뉴스에서 접한 장면을 떠올린다. 가난하고, 배고픔에 허덕이고, 매 맞고, 폭력을 당하는 사람과 집 없이 길거리에서 살거나 전투병으로 전쟁터로 내몰리거나 혹은 학교에 다니면서 친구와 노는 대신에 심각한 노동에 시달리는 아이들. 이런 장면을 보고 있으면 가슴이 쓰리고 고통받는 사람을 보면 우리의 마음도 같이 아프다. 이런 것을 보면 우리가 모두 같은 사람이긴 해도 여전히 너무나 다르다는 사실을 알게 된다.

그런데 다른 사람을 때리고 고통을 주거나 혹은 심한 경우 살인을 해야만 비로소 인권을 침해하는 것이 아니다. 인권은 우리가 사는 이곳, 바로 우리 옆에서, 그리고 우리가 하는 일과 상관없이 항상 모든 곳에 있다. 가족 안에서, 친구 사이에서, 학교에서, 그리고 길 위에서. 우리는 모두가 인간으로서 지닌 존엄성을 유지하며 살고 필요한 것을 얻을 수 있도록 규칙을 정했다. 서로를 공평하게 대하는 것, 역시 이런 규칙에 포함된다.

그런데 왜 이런 규칙을 정했을까? 사람들은 언제, 어떻게 이런 생각을 했을까? 인간의 권리를 깨달은 사람은 누구였을까? 왜 이런 인권의 '발견'은 민주주의로 이어졌을까? 우리는 어떤 이유에서 이런 국가를, 인권을 실천하고 보호하기에 가장 적합하다고 여길까? 그럼에도 불구하고 민주주의 나라에서도 역시 인권이 침해당하는 일이 생긴다. 이런 나라에서도 사람들을 부당하게 다루거나 이들의 권리를 허용하지 않아서 국민 혹은 난민의 권리에 반대되는 행위를 하고 있지 않나? 우리는 어떻게 이런 행위에 대항할 수 있을까? 또 이것은 유엔의 세계 인권 선언문과 어떤 관련이 있을까? 세계 인권 선언문은 어떻게 생겨났으며 어떤 영향력을 끼칠까? 우리는 이 책을 통해 이런 모든 질문뿐 아니라 관련한 다른 여러 문제에 대한 답을 찾을 수 있다.

이 책은 여러 장에 걸쳐 인간의 존엄을 설명할 뿐만 아니라 사람이 사람에게 저지르는 만행 외에도 더 많은 주제를 탐구한다. 예를 들어 유명한 인권운동가와 많은 사람의 권리를 위해 세계 곳곳에서 활동하는 여러 기관에 대한 소개도 실려 있다. 더불어 우리의 삶이 우리와 멀리 떨어져 있는 나라에 사는 사람의 삶에 어떤 영향을 끼치는지, 그곳에 사는 사람들이 자신의 권리를 찾을 수 있도록 우리가 어떤 일을 할 수 있는지도 다룬다. 이러한 일과 시민 용기에 어떤 연관성이 있으며 이 용기를 우리가 어떻게 낼 수 있을지도 배울 수 있다. 그 외에도 외국인 혐오가 어떻게 생겨나고 어디에서 민주주의화가 시작했는지도 살펴본다.

이 책에서는 인권과 인간의 존엄성이라는 주제를 여러 방면에서 관찰하고 있다. 책을 처음부터 끝까지 한꺼번에 다 읽을 필요는 없다. 관심이 가는 몇몇 장만 선택해서 읽어도 좋다. 어쩌면 책을 읽어 가면서 인권이 매우 흥미로운 주제임을 느낄 수 있을 것이다!

이 책을 다 읽은 후에는 사람들과 인권과 민주주의에 대해 더 많이 대화를 주고받을 뿐 아니라 우리를 둘러싼 주변 세상을 다른 눈으로 바라보며 어쩌면 인권과 민주주의를 더욱 인식하게 될지도 모른다. 날카로운 눈으로 인간의 권리를 관찰하는 사람은 다르게 행동하기 마련이다. 이것 역시 계속해서 인간의 존엄성을 돋보이게 한다.

1장

인간의 존엄은
어디에서 시작할까?

사는 데 필요한 것은
무엇일까?

수지는 배구를 좋아하고, 마르쿠스는 골문을 향해 축구공을 힘껏 차기를 더 좋아한다. 아멜리에가 피아노를 열심히 연습하는 동안 하네스는 스도쿠를 푸는 데 집중하기 위해 주변이 조용하면 좋겠다고 생각한다. 모든 사람이 동등하기에 모두다른 사람과 다를 권리가 있다.

이것은 모순이 아니다. 수지와 마르쿠스, 아멜리에와 하네스, 그리고 나와 너와 같은 모든 사람은 각자 좋아하는 일을 하면서 살 자유와 권리가 있다. 누구든 다른 사람과 마찬가지로 평등하기 때문이다. 스스로 결정하고 자유로운 삶이란 우리가 여가에 취미 생활을 즐기며 소중한 친구와 우정을 쌓는 일이라고 생각할 수 있다. 어른이 되면 자신이 좋아하는 일을 배우고 찾아서 혼자의 힘으로 번 돈으로 재산을 마련하고 마음에 드는 곳에 거처를 장만할 수 있다. 아이를 낳을지 혹은 낳지 않을지 외에도 다른 많은 것을 스스로 결정할 수 있다. 이렇게 할 수 있는 권리와 자유의 소중함은 대부분 이것이 위협을 받거나 아니면 다른 곳에는 존재하지 않는다는 사실을 알게 될 때 비로소 깨닫는다. 민주주의 국가에서 사람들은 이러한 권리의 보장을 정부에 맡긴다. 우리는 국가가 모든 시민이 가능하면 자유롭게 잘 살 수 있도록 신경 써야 마땅하다고 생각한다. 다만 국가는 이런 권리가 타인의 자유를 침해하거나 공동체의 이익과 기본적 욕구가 반대될 때만 제한을 받는다.

부모는 아이들에게 이런 제약을 존중하는 법을 이미 가정에서 가르친다. 이것은 단순히 집안의 평화를 위해서만이 아니다. 부모에게 모든 아이는 각각 다 중요하고, 사랑스럽다.

부모는 모든 아이가 평등하게 자신이 좋아하는 것을 추구할 수 있도록, 그리고 한 사람의 개인적인 면이 발달할 수 있도록 돕는다. 또한 아이들이 자기네끼리 서로 배려하기를 바란다. 따라서 수지와 마르쿠스는 누가 언제 정원에서 공을 가지고 놀지를 정하고, 아멜리에와 하네스는 언제 피아노를 큰 소리로 뚱땅거리고, 언제 조용한 상태에서 스토쿠를 풀지 정해야 한다. 이런 배려를 통해 아무리 어린아이라도 다른 사람과 똑같이 권리가 있다는 것을 배운다.

한 사람의 개인적인 면('Individual-inviduum'이라는 라틴어에서 파생. 분리할 수 없는 것을 뜻함)이란 본인 고유의 매우 특별한 인격을 만드는 성격과 능력을 일컫는다.

정의는 인간의 존엄성에 속한다.

사는 데 필요한 것을 얻음으로써 사람들은 존엄해진다. 이것은 우선 먹고 마시는 것에서부터 시작된다. 배가 고프고 갈증이 나면 병에 걸릴 수 있기 때문이다. 건강은 온전한 삶을 위한 기본 조건이다. 우리를 더위와 추위, 다른 사람의 치근대는 시선으로부터 보호해 줄 집과 의복도 음식에 버금갈 정도로 중요하다.

더 나아가 모든 사람은 무엇인가를 배울 수 있어야 한다. 이것은 글을 읽고 쓰는 것에만 한정되지 않고 그 이상을 의미한다. 이런 상태가 돼야만 자신의 의견을 내고 어떤 일을 결정하는 데 목소리를 낼 수 있기 때문이다. 그 외에 어떤 직업을 갖고 혼자의 힘으로 돈을 벌 수 있기 위해서도 학문을 익히는 일은 기본이다. 그렇지 않으면 그 누구도 다른 사람에게 의존하지 않는 독립적인 삶을 이끌어 갈 수 없다.

존엄한 삶을 위해 그다음으로 필요한 것은 안전이다. 여기에는 폭력으로부터 보호받고 재산을 지킬 수 있는 것은 물론 어쩌다 누군가가 해를 가했거나 우리가 어려울 때 도움을 받을 수 있다는 점을 아는 것까지 포함된다.

우리는 어렸을 때부터 다른 사람에게 나쁜 짓을 해서는 안 된다고 배운다. 그래서 부모는 수지가 마르쿠스를 괴롭히면 둘 사이를 참견한다. 학교에서도 누군가가 너를 따돌리거나 네 물건을 훔치면 학교는 해당 학생에게 벌을 준다. 국가에서는 경찰과 법원이 앞장서 사람들이 이런 규칙을 지키는지를 감독한다. 경찰은 우리를 보호하고, 법원은 범인에게 잘못에 대한 책임을 묻는다.

인간의 존엄은
어디에서 시작할까?

청소년 2명이 마르쿠스를 잡아 팔 사이에 목을 끼워 꽉 짓누르고 그의 팔을 등 뒤로 꺾었다. 마르쿠스가 휴대 전화를 건네주자 그제야 둘은 그를 다시 풀어 주었다. 그때부터 마르쿠스는 혼자서 밖에 다닐 용기를 거의 내지 못한다.

여러분은 지금까지 이런 일을 당한 적이 없기를 바란다. 하지만 다른 한편으로는 마르쿠스에게 일어난 일이 얼마나 심한 일이었을지 상상할 수 있을 것이다. 그리고 이런 일이 또다시 생길 수도 있다는 무서움이 항상 따라다닐 것도 잘 알 수 있다. 이런 두려움을 다시 떨쳐버리기란 굉장히 어렵다. 마르쿠스는 이런 일을 당하면서 자유와 인간의 존엄성을 잃었다. 네오 나치가 독일 어디에선가 외국인을 공격하면 우리 주변에 있는 외국인도 인간의 존엄성을 위협받는다. 단지 생김새와 사는 방식이 다르기 때문에 혹은 다른 종교를 믿기 때문에 언제라도 누군가가 우리를 공격할 수 있다는 두려움 속에서 살아야 한다고 상상해 보자. 이것만큼 힘든 일은 가난 속에서 사는 일이다. 배고프고, 춥고, 사는 데 필요한 최소한의 것을 마련할 수 없다. 어딘가에 도움을 청할 곳도 없는 사람 역시 자신의 삶을 스스로 결정할 수 없다.

이런 사람은 절망에 빠져 단지 난처한 상황에서 벗어날 마음이 앞서 어쩌면 자신에게 옳지 못한 일을 하게 될지도 모른다. 텔레비전이나 신문에서 전쟁, 위기, 재난 지역에 있는 사람들의 사진을 보면 이들의 얼굴에 절망감이 드러남을 알 수 있다. 단지 이런 장면을 보는 것만으로도 우리의 기분이 씁쓸해진다. 이는 인간의 존엄성이 상처 입을 때 우리가 어떻게 느끼는지를 생생하게 보여 준다. 인간의 존엄성은 두려움과 빈곤에서 벗어나는 것에서 시작한다.

권리는
어디에 있을까?

인간의 존엄성은 모든 사람이 자기 내면에 있는 기본 욕구를 충족시키는 것을 의미한다. 인권은 존엄성에 대한 요구를 보장한다. 인권은 타고났으며 모든 사람에게 동등하다.

인권은 인류가 존재할 때부터 존재한다. 인권은 인간의 본성과 일치하기 때문에 자연법이다. 즉, 사람이 사람답기 때문에 인권이 있다. 인권은 사람을 사람다운 사람으로 만든다. 남자든 여자든, 흑인이든 백인이든, 키가 크든 작든, 완전히 동떨어져 혼자 살든 아니면 다른 사람과 함께 공동체를 이루고 살든, 아무 상관없이 말이다.

인권은 인류가 언젠가부터 이것에 대해 생각하느라 머리가 깨질 것 같고, 이것 때문에 논쟁을 벌이고, 기록하기 전에도 이미 존재했다. 하지만 수천 년이 지난 후에야 인류는 이것이 인권이라는 것을 깨달았다. 인권을 얻고 지키는 일이 얼마나 힘든지는 사람이 사람을 업신여김으로써 상처를 입히는 것을 보면 알 수 있다. 국가와 입법자가 인권을 고안한 것이 아니다. 인권은 선천적으로 주어진 것이며 어느 누구도 우리에게서 이것을 빼앗아 갈 수 없다. 인권은 사람으로 태어난 모든 생물학적 존재에게 있으며, 이를 통해 사람은 유일무이하고 자립적인 인격으로 발달하고, 논리적으로 사고하고 행동하며 다른 사람과 함께 누릴 삶을 형성할 능력을 갖춘다. 인권은 영구적이며 변하지 않고 어디서나 유효하다. 인권은 국가가 생기기 이전부터 존재했다. 다시 말해 인권은 국가보다 앞에 있으며, 위에 선다. 국가의 의미와 목적은 예전이나 지금이나 사람들의 공존을 규정하는 데 있다. 국가의 우선적인 임무는 인권을 실행하고, 보호하고, 보존하는 일이다.

우리를 동등하게
만드는 것은 무엇일까?

"남자아이들은 멍청해." "여자아이들도 똑같이 멍청해." 아이들끼리 한 번쯤은 주고받는 말이다. 남자와 여자가 다르다는 것은 누구나 다 아는 사실이다. 만약 그렇지 않다면 세상이 너무 지루할지도 모른다. 그렇지만 남자와 여자는 둘 다 사람이라는 면에서 똑같다.

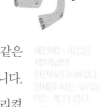

아무리 그렇다고 해도 남성과 여성이 항상 어디서나 같은 것은 아니며 모든 면에서 동등한 권리가 있는 것도 아니다. 몇백 년 전만 해도 사람이라면 일반적으로 남성만을 가리켰다. 다른 지역과 문화권에서 온 사람들 사이에 있는 차이처럼 당연히 남성과 여성 사이에도 차이가 있다. 피부색이 어두운 사람도 있고 밝은 사람도 있으며, 무슬림은 알라를, 기독교는 하나님을, 힌두교는 혼이 담긴 자연을 믿는다. 독일인은 유머가 없고 깐깐하며 프랑스인은 인생을 약간 가볍게 산다는 말도 있다. 우리의 다양성에는 한계가 없으며, 다른 사람을 서랍 칸에 집어넣어 분류하는 우리의 상상력도 그에 못지않다.

무엇보다 우리는 모든 관점에서 다른 피조물과 특별히 다른 점이 있다. 우리가 아이디어와 발명에서 실로 특출하다는 점이다. 이것은 우리 인간만이 지닌 특유의 능력과 개

예전에는 여성을 제2계급의 인간이라고 여겼다. 현재를 사는 우리는 아는 게 더 많다. 그렇지만 여성이 남성과 같은 동등한 권리를 행사하지 못하는 곳이 아직도 많이 있다.

성에서 나온다고 말할 수 있다. 예를 들어 머리는 정말 좋은데 손재주가 없는 사람이 있는가 하면, 손으로 하는 것은 무엇이든 잘하지만 머리는 약간 느리게 돌아가는 사람이 있다. 한 사람을 하나의 인격체로 형성하는 바로 이런 특성이 우리를 매우 특별하게 한다. 우리 인간은 이런 다양성을 합치기 위해— 그리고 이것을 통해 새로운 것을 만들기 위해— 사회에서 똘똘 뭉친다. 우리는 이런 방식을 통해 지금의 세계로 발전해 왔다. 그러지 못했다면 우리는 여전히 손도끼를 들고 모닥불 옆에 앉은 채 우리가 지닌 사람 됨됨이를 알지 못했을 것이다.

생각하는 것은
왜 중요할까?

아무 생각도 안 하려고 해 본 적이 있나? 해 보면 알겠지만, 생각을 안 하는 일이란 절대 불가능하다. 무엇인가가 항상 머릿속에서 움직이기 때문이다. 다름 아닌 이런 능력이 우리를 인간으로 만들었다. 그러므로 사유의 자유는 인간의 권리다.

가끔 다른 사람이 내놓는 의견 때문에 화가 머리끝까지 치밀어 오를 때가 있다. 그럴 때는 다른 사람도 나 때문에 그럴 수 있다는 점을 잊지 말자. 어떤 사람도 다른 사람에게 아무 생각도 하지 말라고 명할 수 없으며, 하물며 어떤 특정한 방식으로 생각하라고 지정할 수도 없다. 더더군다나 이렇게 강요해서는 절대 안 된다. 그렇지만 역사에서 사람들의 생각을 억압하거나 특정 방향으로 바꾸도록 강요한 일을 종종 찾을 수 있다. 예로, 중세 때 종교 재판에서 교회는 자신과 다르게 생각하는 모든 사람을 박해하고 이것이 신이 원하는 것이라며 꾸짖었다. 이런 과정에서 자칭 신의 대리자가 실제로 중요하게 여긴 것은 자신의 권력을 유지하는 일이었다. 수많은 사람이 종교 때문에 자유나 생명을 잃고 희생당했다. 오늘날에도 어떤 곳에서는 여전히 종교의 이름으로 시민들의 달갑지 않은 사고를 억제하려는 경

정말 좋은 아이디어는 여러 생각을 하다가 나오는 경우가 종종 있다.

우가 있다.

다르게 생각하는 사람의 의견을 자유롭게 내지 못하게 막는 일은 정당하지 않다. 이렇게 함으로써 다른 사람을 억누르기 때문이다. 사고의 다양성은 새로운 것이 자랄 수 있는 자양분이다. 반대 의견은 자신의 관점을 뒤돌아보고 우리가 정말 올바르게 생각하는지를 검토하도록 한다. 머리는 사람이 가진 것에서 가장 중요한 신체다. 한 덩어리 흙을 내 손으로 빚은 것과 친구의 작품이 다른 것처럼 머릿속에서 움직이는 생각도 사람마다 다르다.

네 맘에 드는 것을
믿어라!

우리는 어디에서 와서 어디로 갈까? 어떻게 살아야 하며, 삶의 의미는 무엇일까? 언젠가 누구나 한 번쯤은 이런 생각을 하기 마련이다. 이에 대한 답을 신에게서 구하는 사람이 있는가 하면 증명할 수 있는 것만을 믿는 사람도 있다.

우리는 우리에게 생명을 불어넣은 초인적 존재를 믿기도 한다. 기독교 교회나 이슬람 성전 혹은 유대교의 회당을 다니든가 아니면 다른 종교 속에서 우리가 품은 질문과 의문점에 대한 답을 더 잘 찾을 수 있다고 여기기도 한다. 아니면 과학적으로 입증된 것만 신봉하며 언젠가 우리 세계가 어디서 어떻게 시작됐는지를 밝혀낼 수 있다고 확신한다. 이것도 아니면 그런 생각은 멀리 던져 버리고 '뭐에 좋다고 이런 생각으로 괜히 머리를 복잡하게 만들어? 나는 내가 살아 있다는 사실만 알아도 충분해!'라고 말할 수도 있다.

이런 대답하기 어려운 질문에 어떻게 반응할지는 사람마다 다르다. 이런 생각을 하기 싫은 사람은 이것에 대해 아예 말을 꺼내지 않아도 된다. 우리는 세상과 신의 존재를 어떻게 받아들여야 할지를 놓고 다른 사람에게 지시를 내릴 수도 없고, 그래서도 안 된다. 반대로 이것을 원하는 사람은

'믿음에는
강요가 없다'
(코란, 2장 256절)

25

자신의 종교를 다른 사람에게 설명하고 자신이 믿는 대상을 이들에게 확신시키려 노력하는 일에 있어서 자유롭다. 우리가 어떻게 종교 생활을 하는지도 다른 사람이 상관할 바 아니다. 어떤 종교를 믿으면서 종교의식과 규정을 엄격하게 따를 것인지 아니면 그렇게까지 정확하게 받아들이지는 않을 것인지 스스로 결정할 수 있다. 종교 자체에서도 누구도 우리에게 무엇을 하라고 강요할 수 없으며 행여 모든 규칙을 전부 따르지 않는다고 일일이 해명할 필요도 없다. 몇몇 종교 지도자가 이 점에 있어서 다른 견해를 보이지만 이는 (무)종교의 자유에 대한 인권이다.

우리는
왜 배워야 할까?

글자를 읽지도, 쓰지도 못한다면 어떨까? 길거리 이름도 마치 알 수 없는 한자처럼 보이고 다른 사람의 도움 없이는 혼자서 길도 찾을 수 없을 것이다. 아, 맞다. 그리고 SNS로 메시지를 보내는 사람도 없을 것이다. 아무리 기다려도 대답을 받지 못한다는 것을 아니까.

부모는 아이들이 너무 많은 시간을 SNS에 허비한다고 생각하기에 아이들이 SNS를 하지 못하게 되면 제일 기뻐할 것이다. 이들과는 달리 아이들은 친구와의 교류가 끊어진다는 생각에 세상이 무너진 것처럼 끔찍할 것이다. 하지만 언젠가 친구와 메시지를 주고받는 일보다 학교에서 배우는 읽기, 쓰기, 기타 기술들이 훨씬 더 중요하다는 사실을 인정할 것이다. 학교에서 배우는 다른 모든 것에서도 마찬가지다. 어떤 왕이 어느 시대에 나라를 다스리고, 누가 가장 위대한 시인인지, 아니면 $a^2+b^2=c^2$라는 공식 등 수업시간에 배운 것을 왜 반드시 외워야 하는지 의문이 생길 때도 있지만 우리는 배움을 통해 삶과 세상을, 그리고 이것이 어떻게 작용하는지 더 잘 이해할 수 있다. 이런 지식은 우리가 스스로 결정을 내리고 미래를 만들어 갈 능력을 준다. 이를 위해 교육의 의무가 있다. 다른 사람이 무슨 말을 하는지 이해한 사람만이 의견을 주고받고 대화를 나눌 수 있다. 사람들은 자기가 무엇을 원하고 말하는지 아는 사람만을 진지하게 받아들인다. 더 많은 것을 알수록 자신의 삶을 스스로 만들 가능성이 커지고 다른 사람에게 의존할 일이 더 적다.

무엇을 배우고자 하는 욕구는 세상에 태어날 때부터 있다. 아이들을 보면 이런 점을 알 수 있다. 아이들은 두 발로 서는 순간에 바로 자신의 세상을 점령하고 사물을 이해한다. 말을 하게 되면 쉴 새 없이 질문하고 모든 것을 명확하게 이해할 때까지 묻기를 멈추지 않는다. 배움은 삶의 일부다. 따라서 교육을 받는 일은 인간의 권리다.

왜 우리는 무엇을
소유해야만 할까?

아버지가 자동차로 아이들을 학교까지 태워 주고 직장으로 가려는데 옆집 사람이 자동차를 빼앗아 갔다고 상상해 보자. 아니면 우리 동네 팀이 축구를 하려는데 다른 동네 팀이 축구장을 차지하고 있다고 상상해 보자.

싸움이 생길 게 불 보듯 훤하다! 당연히 이웃과 자동차를 공유해서 타고 다닐 수도 있다. 옆 동네 축구팀과 시간 약속을 정해서 축구장을 번갈아 이용할 수도 있다. 그래도 자동차와 축구장의 주인은 있어야만 한다. 그렇지 않을 경우 누구나 와서 마음대로 자기 소유라고 주장할 수 있다.

이 두 가지 예시는 생명이 달린 문제만큼 심각하지는 않지만 다른 사람이 가진 것을 존중하지 않으면 얼마나 큰 혼란이 일어날지를 볼 수 있다. 우리는 이런 일로 사람들 간에 살인과 상해가 일어나고, 국가 간에는 전쟁으로 번지기도 하는 것을 자주 봤다. 어떤 민족도 본인의 땅과 소유지가 없으면 존재할 수 없다. 소유에 대한 권리는 안전하고, 자유롭게 살기 위해 필요하다. 이런 인권은 개인을 초월한다. 다시 말해, 소유에 대한 권리는 개인적인(즉, 모든 사람에게 주어지고) 차원뿐 아니라 집단에서도 마찬가지로 유효하다. 여러 사람으로 이루어진 공동체에서 다른 사람이 합법적으로 취득한 소유물을 빼앗아서는 안 된다. 재산은 삶을 보장하기에 모든 사람은 이를 얻고자 하는 기본 욕구가 있다. 이미 선사 시대의 수렵인은 안전한 거처를 찾아 각자의 동굴을 마련했고 농부는 본인의 경작지가 생겼을 때야 비로소 고용자와 노예의 신분에서 벗어나 자유를 얻었다. 또한 소유한 땅 없이 나라를 세운 민족도 찾아볼 수 없다. 그래서 재산에 관한 집단적 인권은 민족 자결권에 해당한다.

집단적이란 단어는 다수가 어떤 것을 함께 나누는 것을 의미한다.

민족 자결권은 특히 다른 국가를 상대로 한 민족의 자연적 삶의 바탕을 보호한다.

국가와 정부,
법은 왜 만들어졌을까?

우리가 혼자서 우리의 권리를 밀고 나가야 한다면 어떨까? 우리 맘에 드는 일만
하고 산다면 어떨까? 우리는 자신을 스스로 보호할 수 있을 만큼 충분히 힘이 셀
까? 다른 사람의 권리를 침해하지 않을 만큼 스스로 통제할 수도 있을까?

민주주의와 국가, 그리고 법은 이런 일이 가능하도록 도움
을 준다. 그래서 사람들은 평화롭게 조화를 이루며 살 수
있게 지켜야 할 규칙을 함께 정하려고 사회를 이루었다. 우
리는 이런 규칙을 법이라고 부른다. 법은 국가와 공동체가
그 내부의 모든 이들에게 허락하는 것과 금지하는 것을 명
시한다.

　국가는 이런 법을 어기는 사람이 없도록 감시하고, 이런
일이 일어나면 개입한다. 이를 위해 국가는 권력이 필요하
다. 민주주의 국가에서는 시민이 이런 권력을 자신이 선출
한 대표자의 손에 위임한다. 정부는 모두가 함께 결정한 질
서를 지키도록 할 책임을 진다.

　인권은 자연법으로서 국가의 권력 위에 있다. 따라서 만
약 국가가 인권을 실행하고 보장하는 것을 준수하지 않고
의무를 소홀히 하면 모든 시민은 국가에 항의할 수 있다. 하

지만 한 국가가 이를 어기면 고발할 수 있는 법원은 존재하

지 않는다. 국가들은 단지 국제 연합인 유엔에서 서로 비판

하고 질책만 할 수 있을 뿐이다. 한 국가가 인권을 침해하면

유엔은 이를 제지하려고 노력하지만 이런 나라에 책임을 물

릴 수는 없다(59쪽 참조).

사람을 사람답게
만드는 것은 무엇일까?

무엇인가 해서는 안 되는 일을 했을 때 속에서 스멀거리고 올라오는 불쾌한 느낌을 잘 알 것이다. 우리의 행동이 옳지 않았다는 점을 정확하게 알기 때문이다. 그러면 양심도 흔들린다.

대부분은 옳지 않은 일을 하기 전에 이성이 나서서 어떻게 하는 것이 옳은지를 말해 줄 것이다. 하지만 우리는 이성이 하는 말에 귀를 기울이지 않는다. 그래서 양심의 가책을 받는 '벌을 받게' 될 것이다. 우리 모두에게는 이성과 양심이 있으며 이는 인간의 본성이다. 그래서 유엔은 세계 인권 선언문의 한 조항에서 인간은 '이성과 양심을' 동시에 갖추었다고 강조한다.

이것으로 이제야 우리는 사람이 된다.

반려견이 접시에서 소시지를 훔쳐 가다가 우리에게 들키면 개도 역시 양심의 가책을 느낄까? 만약 그렇다면 개는 슬슬 도망가려고 하거나 아니면 엎드려서 굽실거릴 것이다.

개는 벌 받을 것을 예상하기 때문에 이런 행동을 취한다. 청소년들도 부모님이나 선생님 혹은 다른 어른이 하지 말라고 금지한 일을 한 뒤에는 벌이 기다리고 있다는 것을 안다. 어린아이는 '안 돼' 하며 어른이 손가락으로 가리키며 허락하지 않는 일은 하지 못하도록 제지당한다. 하지만 어린아이도 반려견과 마찬가지로 왜 그런 일을 해서는 안 되는지 아직 이해하지 못한다. 청소년은 어린아이에 비해 이미 훨씬 이성적이므로 벌로 위협하는 일은 더는 통하지 않는다. 누군가가 무엇인가를 왜 금지했는지 이해하지 못하면 청소년은 그에게 항의할 것이다. 왜 이런저런 일을 하라고 했는지, 아니면 왜 하면 안 된다고 하는지에 대해 근거를 대고 설명하라고 정당하게 주장한다. 어쩌면 계획한 것에 실제로 그럴싸하게 근거를 제시할 수도 있다. 따라서 토론을 하고 결국 끝에는 논의를 잘 펼친 사람이 '이기게' 된다. 그러면 양쪽에서 모두 이성이 승리를 거둔다.

이런 이성은 우리에게 이성이 옳다고 인식한 객관적 사실, 즉 진실을 사리에 맞게 조합시키는 능력을 부여한다. 예를 들어서 우리는 질주하는 자동차는 어마어마한 힘을 가하며 충돌한다는 사실을 안다. 또한 우리 몸이 그런 충격을 받으면 큰 화를 입는다는 사실도 안다. 그래서 우리의 이성은 '길에서 달려오는 차 앞으로 지나가지 않는 것이 좋다'라고 말한다.

이성은 우리가 도덕적이고 윤리적으로 올바르게 행동하

도록 알려 준다. 우리는 누군가를 때리면 맞은 사람이 아파하고 상처를 입을 수 있다는 사실을 알기 때문에 다른 사람을 때리지 않는다. 누군가 우리를 향해 주먹을 날리는 일 또한 바라지 않는다. 이런 점을 알면서도 우리가 다른 사람을 때린다면 두 가지 이유에서 이런 행위가 비이성적이라는 것을 안다. 첫째, 우리는 상대가 방어하고 되받아칠 수 있다는 것을 계산해야만 한다. 둘째, 늦어도 때리는 행위와 함께 마음속에서 양심의 가책이 생기고 더불어 누군가에게 벌을 받을 것도 계산해야 한다. 유일하게 우리 인간만이 주변 세계와 소통하고 무엇보다 자신의 행동을 '이성적으로' 규정할 수 있는 능력을 갖추었다. 반려견이 우리가 하는 말을 따르는 것은 우리가 개의 행동을 훈련시켜서일 뿐, 개가 스스로 생각한 것이 아니다. 하지만 이와 달리 우리는 어떤 것이 옳고 그른지, 착하고 나쁜지를 구분할 수 있다. 이런 능력은 우리의 본성이다. 이것은 '이성과 양심을 갖추었다'라는 말과 일맥상통한다. 이런 '재능'을 이용할지 아니면 이성을 그냥 옆으로 치울지는 각자의 선택이다. 정말로 그렇게 하더라도 이번에는 양심이 들고 일어난다. 뿐만 아니라, 다른 사람이 이런 행동을 한 사람에게 책임을 물을 것이다.

도덕적이고 윤리적으로 행동하는 것은 한 사회가 자신을 위해 정한 인권과 불문율과 성문율을 지키는 일을 의미한다.

2장

인권을 향한
머나먼 길

인권은 어디에서부터
시작할까?

인간의 존엄성, 인권이란 단어는 마치 '저기 높은 곳'에 있는 누군가가 책임지는 고귀한 어떤 것처럼 들린다. 하지만 사실 그렇게 간단하지 않다. 우리에게는 모든 사람이 이것을 수호하도록 할 책임이 있다.

우리는 이런 임무를 다른 사람에게 떠넘길 수 없을뿐더러 국가에도 넘길 수 없다. 결국, 모두는 '국가'이기 때문이다. 민중이 자신이 선출한 대표자에게 한시적으로 본인의 권력을 넘겨주는 민주주의에서는 더욱더 그러하다. 우리가 잘 알듯이, 민주주의라는 국가 형태는 인권에 관한 지식에서 시작해 점차 발전했다. 인간이 존재하기 시작했을 때부터 이미 인권도 존재했지만, 사람들이 이런 사실을 깨달은 건 얼마 되지 않은 일이다. 이전 사람들은 인간으로서 존재하는 것이 도대체 무엇을 뜻하는지 밝히는 데 어려움을 겪었다. 보편적인, 즉 모든 사람에게 내재하고 있는 권리로서의 인권은 20세기에야 비로소 명시되고 인정을 받았다. 바로 1948년 12월 10일에 국제 연합은 세계 인권 선언문을 통과시켰다(205쪽에 선언문 기재).

1948년 12월 10일 유엔이 세계 인권 선언문을 통과시킨 것을 기념하여 12월 10일을 국제 인권의 날로 지정했다.

유엔의 세계 인권 선언문은

그때부터 국가의 행위에 대한 안내서 역할을 한다.

　세계 인권 선언문이 공표됐을 당시 유엔에 가입한 나라
는 58개국이었는데 현재는 193개국이 회원으로 참여하고
있다. 회원국은 세계가 겪은 전쟁의 끔찍한 만행에서 교훈
을 얻어 이를 세계 인권 선언문에 담았다. 바로 1933년부
터 1945년에 걸쳐 히틀러가 저지른 야만적 행위를 절대 반
복해서는 안 된다는 가르침이다. 아돌프 히틀러(Adolf Hitler)
를 주축으로 한 나치스트들은 12년 동안 인간의 권리를 짓
밟았으며 심지어 자신과 생각이 다른 사람을 죽이기까지 했
다. 자신들이 다른 사람보다 '우월하다고' 믿었기 때문이다.
이런 행위의 배경에는 단지 범행을 저지른 국가만 있는 것
이 아니라 민중도 존재한다. 물론 나치 정권에 저항해서 싸
운 사람도 소수 있지만 수백만 명의 독일인은 나치에 동조
하고, 모른 척했다. 이들은 훗날 왜 히틀러를 저지하지 않고
놔두었는지 스스로 자문해야만 했다.

　세계 인권 선언문은 전 세계 국가를 향한 호소다. 국가
가 이런 권리를 실천하고, 준수하고, 보호할 수 있는 권력
을 가졌기 때문이다. 국가는 인간의 삶을 위한 30개 조항을
충족시킬 의무가 있다. 그런데도 개개인과 모든 시민은 자
신과 다른 사람을 위해 이런 권리를 이행할 것을 요구받는
다. 인권은 어디에서부터 시작할까? 1948년 국제 연합의 인

권위원회 의장직을 맡은 엘리너 루스벨트(Eleanor Roosevelt)는 이 질문에 다음과 같이 답했다. "자신이 사는 집 가까이에서, 아주 작은 장소에서부터 인권은 시작합니다. 너무 가깝고 작아서 세계에 있는 어떤 지도에서도 찾아볼 수 없는 그런 곳에서요. 그곳은 자신이 사는 동네와 다니고 있는 학교나 대학, 아니면 일을 하는 공장이나 농장, 사무실과 같은 개개인의 세계입니다. 이런 개개인의 세계에서 남녀노소 구분 없이 모두가 동등한 권리와 공평한 기회, 동등한 존엄성을 찾을 수 있어야 합니다. 만약 이곳에서 이런 권리가 통하지 않는다면 다른 곳에서도 그 의미를 찾을 수 없을 것입니다. 따라서 시민은 개인이 속한 환경에서 이러한 권리를 보호하기 위해 적극적으로 행동에 나설 책임이 있습니다. 그러지 않으면 우리는 또 다른 세계에서도 진보할 수 없을 것입니다."

따라서 우리는 인권을 지킬 의무가 있다. 인권이 침해받는 곳이라면 언제, 어디서나 나서는 일도 우리의 의무 가운데 하나다. 국가 기관이 하는 일 역시 이렇게 참견할 의무에서 예외가 될 수 없다.

우리에게는
무슨 권리가 있을까?

세계는 무엇으로 이루어졌을까? 사물의 뒤에는 무엇이 숨어 있을까? 거의 3000년 전에 이런 질문과 함께 그리스 철학이 시작됐다. 인간은 어느 시점에서 필연적으로 인간의 본성이 무엇인지에 대한 질문을 마주하게 됐다.

이 과정에서 플라톤(Platon)과 아리스토텔레스(Aristoteles) 두 철학자가 큰 발전을 이루었다. 이들은 자연이 무엇을 통해 인간을 다른 생명체와 구분 짓고 그토록 특별하게 만들어 주었는지에 대한 질문의 답을 찾아냈다. 바로 이성이다. 이성은 우리 인간을 다른 모든 것과 구별되게 한다. 사람은 이성을 통해 자아를 실현하려고 노력하고 개인을 완성한다. 또한 각각의 사람이 '자신답게' 살 수 있도록 공동체의 삶을 형성하고 참여할 수 있게 하는 것도 이성이다. 그래서 공동체는 모든 사람에게 이런 삶을 보장해 줄 수 있는 규칙을 정한다. 그리스인은 이런 식으로 시민의 지배를 뜻하는 민주주의를 창안했다. 그리스인의 도시국가인 폴리스에서 모든 자유 시민은 공동체가 어떻게 공존해 나갈 것인지 함께 결정할 수 있었다. 그리스는 최초로 평등한 권리를 발견했다. 하지만 이들은 자유 시민 남성만을 사람으로, 즉 경제적으키케로는 자유와 평등의 자연법이 국가보다 앞과 위에 선다고 확언했다.

로 독립적인 시민으로 여겼다. 이런 의미에서 보면 여성과 아이, 외국인과 노예는 사람이 아니었다. 스토아학파는 평등의 자연법을 계속해서 유지했고, 자유에 대한 권리도 추가했다. 그러나 스토아학파의 추종자는 노예제를 지지하기도 했다. 스토아학파의 추종자이자 철학자이며 로마 국가 수장이었던 키케로(Cicero)도 마찬가지로 노예제에 찬성했다. 그는 노예의 노동은 인간의 존엄성에 대치된다고 했지만 여기서 인간이란 어디까지나 자유 시민 남성에 국한되었다.

신 앞에
만인은 평등하다?!

유대인과 그리스도교인의 『성경』에 따르면 신은 자신의 형상을 본떠 인간을 만들었다. 그리스도교인은 신이 자신의 아들을 사람의 모습으로 사람의 세상에 보냈다고 말한다. 다시 말해 종교는 신으로부터 인간의 평등함을 끌어내었다.

『구약 성경』에 나오는 십계명은 인권에 관한 일종의 이정표라고도 볼 수 있다. 예로 생명의 보호("살인하지 말라")는 물론 재산의 보호("도둑질하지 말라")와 같은 말이 등장한다. 신이 모든 존재 중에서 가장 높다면 신은 완전히 자유롭다는 생각은 더욱 중요하다. 신이 인간의 형상에 투영돼 있다면 인간 역시 자유로운 존재다. 이전의 그리스도교인은 이런 생각을 스토아학파가 말한 자유와 평등에 대한 자연법(41쪽 참조)의 관념과 연결했다. 다른 점이 있다면 이들은 자연이 아닌 신이 이런 권리를 인간에게 주었다고 생각했다. 이들이 생각하기에 자연도 결국 신이 창조했기 때문이다. 신의 아들이자 사람의 아들인 예수는 이런 가르침을 "네 이웃을 네 자신과 같이 사랑하라"라고 말하며 실천했다. 하지만 그리스도교가 고대의 끝 무렵에 로마의 국교로 발전하고 권력을 손에 쥐자 이웃을 사랑하라는 계명의 의미를 상실했다. 교회는 그리스도교를 믿지 않는 이교도에게 자유는 물론 평등을 허용하지 않았다. 그리스 사람에게는 자연법이고, 종교인에게는 신의 은총이 담긴 선물이었지만 이것은 우리가 지금 이해하는 인권과 아직 거리가 멀다. 그렇지만 이 두 가지를 통해 사람들은 인간을 인간답게 만드는 것이 무엇이며 자신의 권리를 인식하는 길이 왜 중요한지 생각하기 시작했다.

중세 때 교회는 신의 자비를 베풀고 속세의 지배자에게 권력을 부여했다. 지배자
는 이런 '자비'를 '아래'로 계속 선사하고 영주에게는 그들의 신하와 노예를 곤궁
함에서 구할 의무를 부과했다.

하지만 모든 봉건 군주가 자신의 소유 아래 놓인 사람에게
'자비롭지만'은 않았다. 영국의 무지왕 존(John Lackland)은 13
세기에 엄청난 세금을 부과해 남작을 압제했다. 존 왕이 또
다른 공작을 임의로 교수형에 처하고 교황과 다투기 시작하
자 영주와 교회는 이에 저항해 1215년에 존 왕이 마그나 카
르타(Magna Charta)에 서명할 것을 강요했다. 마그나 카르타
는 역사상 최초로 인간의 기본적 권리를 명시하고 있다. 이
것은 헌법을 위한 초석이 되었고 새로운 인간상에 대한 최
초의 획을 그었다.

마그나 카르타는 과세와 세관에 대한 원칙을 다루지만
무엇보다 처음으로 봉신의 자유와 재산에 대한 권리를 인정
했다. 마그나 카르타에 의하면 "자유로운 남성은 적법한 판
결에 의하거나 국법에 의하지 않고서는 체포 · 구금되거나,
재산을 박탈당하고, 침해당하고, 추방당하거나 공격받지 않

봉건 군주 아래
신하를
봉신이라고도 한다.

는다." 다시 말해, 독립적인 재판관만이 자유 시민을 처벌할
수 있다.

이로써 마그나 카르타는 왕의 절대 권력에 제동을 건다.

또한 신하가 권리를 보장받고 조금이나마 자유를 누릴
수 있는 일도 가능해졌다. 마그나 카르타에서 최초로 공식
화된 법은 국가에 모든 시민을 보호할 것을 보장한다. 헌법
은 국가가 이런 기본 권리를 침해하거나 바꾸거나 다시 폐
지하는 것을 금지한다(56쪽 참조). 이로부터 50년 뒤에 영국
에서 세계 최초로 의회가 만들어졌다. 의회(Parlament)는 우
선 재정에 관한 사안만을 다루었다. 처음에는 남작과 도시,
기사가 참여했고, 1360년부터는 소위 하원에서 시민 대표
가 발언권을 얻었다.

Magna Carta of King John, AD 1215

1215년 제정된
마그나 카르타
조기 필사본

의회는
고대 프랑스어의
대화를 뜻하는
'parlement'에서
왔다.

마그나 카르타가 발표된 지 400년이 더 지난 뒤인 1679년에 이것은 법치국가에 걸맞게 신체 자유를 보장한다는 사항인 인신보호율(Habeas-Corpus, 한국어로 '너는 몸이 있다')로 발전했다. 이것은 어떤 영국인도 임의로, 아무런 이유 없이 고소나 재판관의 판결 없이 체포당하지 않고, 한 범죄에 대해 두 번 벌을 받지 않는다는 것을 보장한다. 10년 뒤에는 '권리 청원(Petition of Rights)'이 추가돼 모든 사람은 왕에게 청원할 수 있는 권리를 보장받았다.

마그나 카르타와 인신보호율은 한 세기가 지난 후에 미국에서, 그다음에는 프랑스와 결과적으로는 유엔의 인권 선언문에서도 더욱 구체화됐다.

"어떤 누구도 임의로 체포·감금되거나 나라에서 추방당해서는 안 된다."

국가는 무엇을 위해 존재할까?

영국이 아무리 발전을 했어도 유럽의 지배자들은 국가를 다스릴 권력과 민중을 신하로 두는 권력을 신에게서 받았다고 확신했다. 하지만 민중은 '국가란 도대체 어떤 의미가 있는가? 무엇을 위해 국가가 존재할까?'라는 질문을 던졌다.

17세기에 와서 사람들은 '각각의 사람은 개인이다. 그리고 모든 사람은 동일하다'는 고대의 자연법을 다시 떠올렸다. 그런데 누가 국가에 다스릴 권리를 주었을까? 영국의 철학자 토마스 홉스(Thomas Hobbes)는 이 질문에 사람의 공동체라고 답했다. 하지만 홉스는 사람을 늑대처럼 서로 으르렁거리는 존재로 여겼다. 그래서 하나의 강한 국가가 나서서 인간 무리가 서로 물어뜯지 못하도록 막아야 한다는 견해를 가졌다. 홉스는 이런 국가를 『성경』에 등장하는 바다 괴물인 '리바이어던(Leviathan)'이라고 불렀다.

홉스와 같은 영국인 존 로크(John Locke)는 인간에 대해 좀 더 호의적으로 생각했다. 로크는 사람들이 자연으로부터 세 가지 권리를 받았다고 말했다. 바로 생명과 자유, 그리고 소유에 대한 권리다. 로크에 의하면 국가의 의미와 목적은 모든 사람이 이런 권리를 누리는지 감독하는 데 있다. 따라서 사람들은 이런 자연법을 수호하지만 침해는 할 수 없는 국가에 자신의 권력을 양도했다.

프랑스인 장 자크 루소(Jean Jacques Rousseau)는 이런 통치계약서에 사회계약을 앞세웠다. 루소는 사회계약론에서 사람들이 동맹을 위해서 서로 합의해야 한다고 주장했다. 샤를 몽테스키외(Charles Montesquieu)는 여기에 덧붙여 권력의 오용을 막고자 권력분립을 더하고 국가를 입법(법을 제정), 행정(법을 행사), 사법(법을 적용)이라는 세 개의 기둥에 올려 놓았다.

사람들은 어떻게
자신의 권리를 찾을까?

홉스와 로크, 루소, 그리고 몽테스키외는 국가에 목적과 권력을 부여했다. 칸트는
왜 각각의 사람이 이런 국가에서 중요한 역할을 해야만 하는지를 깨우쳤다.

독일 철학자 임마누엘 칸트(Immanuel Kant)는 사람이 스스
로 잘못을 저질러 다른 권력의 지배 아래에 놓이고 말았다
고 말했다. 그래서 사람들은 자신의 삶은 물론 공동체의 삶
을 형성하는 데 도움을 주지 못한다. 칸트는 이것을 '스스로
에게 책임이 있는 미성숙함'이라고 불렀는데 사람은 그 속
에서 종속된 신하로 산다. 하지만 우리는 이성을 지녔기에
자신에게 의지가 생길 수 있도록 이런 이성을 사용할 권리
와 의무가 동시에 있다. 칸트는 사람들이 '다른 사람에게 의
존하는 미성숙함'에서 벗어날 것을 촉구했다. 인간은 자연
으로부터 이에 대한 권리를 받았다. 오성에서 이성이 생기
고(33쪽 참조), 이성은 다시금 인간이 태어난 순간부터 자유
에 대한 자연법을 지녔음을 인식하도록 이끈다. 계몽주의의
주요 선구자로 손꼽히는 칸트는 이런 자유에서 생명과 재산
에 대한 사람의 또 다른 권리를 이끌어 냈다. 계몽주의자는

행복을 개인은 물론 모든 사람의 삶의 목표로 인식했다. 이렇게 주장함으로써 칸트는 존 로크가 언급했던 국가의 목적 이론(48쪽 참조)을 완성했다. 칸트는 이로써 사람들의 자유의지에 날개를 달아 주었다. 모든 사람이 같다면 개개인의 의지뿐 아니라 모든 사람의 의지도 똑같이 중요하다. 칸트는 이것으로 인권으로 향하는 길을 닦았다.

프랑스의 철학자이자 계몽주의자인 볼테르(Voltaire)는 "자유롭다는 것은 인간의 권리를 아는 것을 의미한다. 이것을 알아야지만 스스로 그 권리를 보호할 수 있다"라고 말했다.

최초로 인권을
선언한 사람은 누구일까?

마그나 카르타부터 존 로크의 사상까지 영국은 세계 최초로 기본권을 실행했지만 18세기에 식민지에 살던 사람은 여기에서 제외했다. 이제 이들은 자신의 권리를 주장하고 나섰다.

1776년 6월 12일에 공포된 '권리장전'은 원래 버지니아주의 헌법이었다

유럽에서 아메리카로 건너와 정착한 이주민은 영국 본토가 요구한 높은 세금과 관세에 반대했다. 또한 영국 의회에 참여할 수 있는 시민권을 국가가 이들에게 주기를 거부하는 것에 항의했다. 정착민은 존 로크(48쪽 참조)를 참고로 해서 영국에 통치계약을 해제할 것을 선포하고 1776년 첫 번째로 인권을 주창했다. 그리고는 같은 해에 영국 식민지 주민은 자신들만의 국가를 세웠다. 바로 미합중국(United States of America)이었다. 버지니아 권리장전(Virginia Bill of Rights)이라고 불리는 인권 선언문은 미국 헌법의 서문이 됐다. "모든 인간은 태어날 때부터 평등하며 자유롭고, 독립적이며, 여러 생득적 권리를 지닌다. 이 중에서 재산을 획득하고 소유하며 행복과 안전을 추구하고 확보하는 여러 수단을 누리면서 생활과 자유를 누릴 여러 권리는 비록 인간이 사회 조직 속에 놓인다 해도 어떤 계약으로도 빼앗기거나 박탈당하지

아니한다."

　버지니아 권리장전과 함께 칸트(50쪽 참조)가 말한 '행복을 추구하는 일'이 최초로 인권으로 지정됐다. 권리장전의 다음에 나오는 조항은 집회와 언론의 자유, 임의 주거권과 청원을 올릴 수 있는 권리 및 법의 보호를 받을 권리와 자유로운 선택에 관한 권리와 같은 다른 인권을 설명한다.

청원(Petition,
라틴어로 'petere'는
'간청하다', '청원하다'
라는 뜻이다)은
시민이 국가에
제출하는 청원서다.

프랑스인은
무엇을 위해 싸웠는가?

1789년에 프랑스인은 그들의 인권 선언문을 공표했다. 미국은 '권리장전'으로 자기 국민을 법적으로 보장하는 것이 목적이었다. 이에 반해 프랑스인은 기본권은 전 세계 모든 사람과 모든 국가에 적용된다고 선언했다.

'자유, 평등, 박애'를 외치며 프랑스 민중은 통치자를 왕좌에서 끌어내렸다. 이와 함께 유럽 전역으로 혁명이 퍼져나갔다. 1789년 8월 26일 파리 국민의회는 '자연적이며 불가침 인권'을 통과시키고 자유와 안전, 그리고 '어떤 정치적 협의'를 목표로 하는 억압에 항의하는 권리를 설명했다. 자유는 '타인에 해를 주지 않는 한 모든 것을 할 수 있다'라고 정의했다. 법은 전체의 뜻을 나타낼 뿐이지, 개개인의 의사를 표명하지 않기 때문에 모든 사람은 법 앞에서 평등하다. 의회는 또한 가장 귀중한 인권의 하나로서 생각과 의사 표현의 자유와 소유에 관한 불가침의 신성한 권리를 강조했다. 단 '공공의 필요성'이 생기고 관련된 사람이 그 전에 정당한 보상을 받은 한해서는 재산에 대한 권리를 침해할 수 있다. 이런 권리를 보장하지 않는 모든 사회는 헌법 국가가 아니며 인권을 어긴다고 말할 수 있다.

하지만 이런 프랑스에서조차 생명에 관한 권리는 얼마간 시간이 흐른 뒤에 마리 올랭프 드 구주(Marie-Olympe de Gouges, 프랑스 시민운동가이자 여성 인권 신장 운동가로 여성의 참정권을 주창 – 역주)가 목숨을 잃은 단두대에서 시작됐다. 올랭프 드 구주는 인권과 시민권이 남성에게만 주어졌던 것에 반대 운동을 펼치고 '여성과 여자 시민을 위한 권리 선언'을 제시했다. 이런 이유로 그녀는 1793년 혁명가들에 의해 교수형을 당했다.

독일이 헌법 국가로 발전하기까지

파리의 인권 선언문 이후 40년 동안 무려 유럽의 70개 국가도 헌법을 제정했다.
이런 국가들은 프랑스를 본보기로 삼아 국가와 민중에게 기본권을 부여했다.

국가는 헌법에서
어떤 법과 권리, 의무
가 국가와 시민에게
적용되는지를
규정한다.

기본권은 인간과
시민의 권리로
국가는 헌법에서
이를 준수할 것을
보장한다.
인권은
모든 사람에게,
민권은
단지 국가의
시민에게만 있다.

독일에서는 19세기 초 남부 독일에 있던 국가들이 처음으로 독자적 헌법을 공포했다. 이때만 해도 독일이라는 나라는 아직 없었고 영주가 다스리는 수많은 작은 지역으로 나뉘어 있었다. 바이에른, 바덴, 뷔르템베르크, 그리고 헤센은 신민에게 자유와 종교, 재산과 법적 안전성과 같은 기본권을 보장했다. 1848년 12월 새로 발족한 국민의회가 프랑크푸르트 파울 교회에서 독일 최초로 공동의 기본법을 선포했다. 이것은 독일에서 일어난 3월 혁명의 결과물이었다. 독일 사람들은 귀족의 횡포와 특권에 반대하고 통일국가에서 자유에 대한 권리를 얻기 위해 3월에 거리로 쏟아져 나왔다. 이때 많은 사람이 피를 흘렸고 베를린에서는 군인이 시위 운동가를 향해 총을 쏘기도 했다.

개별 국가에서 온 의원은 자리를 얻었지만 노동자와 농부, 여성은 국회에서 제외당했다. 파울 교회 의회는 최초의 국가 헌법을 통과시켰다. 헌법은 시민에게 국가의 횡포에 반대해서 저항할 수 있는 권리를 허용했다. 헌법은 자유와 평등, 거주지와 재산에 대한 신성불가침 및 의견과 언론의 자유에 대한 권리를 규정했다. 귀족의 특권은 폐지됐다. 더 나아가 국가에 헌법에 대한 불만을 제기할 수 있는 조항도 포함됐다. 하지만 이런 헌법은 종이 쪼가리에 지나지 않았다. 왕정은 독일의 통일국가를 거부했고, 프로이센의 왕은 제안받은 황제의 권한을 거부했다. 프로이센은 프랑크푸르트 헌법을 받아들였지만 3계급 선거권을 유지하고 여성을 선거에서 제외함으로써 기본평등법을 위반했다.

1871년에 22개의 왕정과 북독일에 있는 세 자유 도시가 동맹을 맺고 독일제국(Deutsches Reich)을 건설했다. 프로이센의 왕은 이번에는 황제의 권한을 넘겨받고 오토 폰 비스마르크(Otto von Bismark)를 초대 독일제국 수상으로 임명했다. 하지만 비스마르크는 하나의 공통된 헌법이 쓸데없다고 여기고 각각의 주마다 헌법을 정할 것을 지시했다. 독일은 제1차 세계대전에서 패하고 빌헬름 2세가 왕권을 잃은 후, 1919년이 되어서야 비로소 민주주의 형태인 바이마르 공화국으로 바뀌었다. 공화국의 국회는 독일인에게 최초의 공동 헌법을 선물했지만, 헌법 제48조로 자폭 장치를 명문화했다. 이런 조항은 비상사태가 일어난 시기에 개인의 자유와 의사의 자유 같은 기본권을 중지해도 된다고 허용한다. 독일 국수주의자이자 나치의 수령인 아돌프 히틀러는 이 조항

프로이센의 3계급 선거권 제도는 부유한 사람과 그렇게 부유하지 않은 사람, 가난한 사람을 나누어 의회 후보자에게 투표할 수 있는 동등한 숫자의 권한을 주었다. 가난한 사람보다는 부유한 사람의 수가 훨씬 적기 때문에 불공평하다고 볼 수 있다.

을 근거로 1933년 제국의회 의사당 화재 사건이 일어난 뒤에 헌법 전체를 모조리 백지화했다. 제국의회의 다수가 이에 동의하면서 나치가 끔찍한 지배를 할 수 있도록 길을 열어 주었다.

이것은 독일 민주주의를 죽이는 치명타였다.

그 결과 이후 12년 동안 6000만 명의 군인과 민간인이 제2차 세계대전에서, 그리고 600만 명이 나치가 세운 강제수용소에서 목숨을 잃었다. 2000만 명이 고향을 잃고, 1100만 명이 포로로 잡혀 자유를 박탈당했다. 전 세계의 나라는 이런 끔찍한 경험을 통해 마침내 인권을 존중하는 것만이 평화와 자유, 존엄 속에서 생명을 보장할 수 있다는 가르침을 얻었다.

1949년 5월 23일 독일 연방공화국은 기본법을 헌법으로 제정했다. 법의 가장 앞에는 인권에 관한 조항이 있다.

평화로운 세계를
만들기 위한 한 걸음

세계는 어떻게 평화로워질 수 있을까? 이것은 인권을 통해서만 가능하다! 유엔은
1948년에 그 사실을 깨달았다. 그로부터 3년 전인 1945년에 창설한 국제 연합
은 인권 선언을 국가들의 공약이라고 발표했다.

히틀러가 통치하던 독일이 인류를 상대로 테러를 저지르는
동안 미국의 대통령인 프랭클린 D. 루스벨트(Franklin D. Roos-
evelt)는 이미 1941년에 자유만이 지속적인 평화를 보장한다
고 강조했다. 루스벨트는 의사 표현의 자유, 종교의 자유, 공
포와 결핍으로부터의 자유를 제시했다. 공포란 전쟁을 의미
했다. 따라서 국가에 무기를 없앨 것을 촉구했다. 결핍으로
부터의 자유란 개개인의 경제적 안전을 뜻한다.

루스벨트는 이로써 최초로 사회적 안정을 인권이라고 지정했다.

　이런 4가지 자유는 유엔이 세계 인권 선언문을 만드는 데
기초가 됐다. 그 누구도 히틀러의 시대 때 벌어진 야만적인
일을 사람으로서 할 수 있다고 상상하지 못했다. 세계 인권

문서 혹은 선언문은
격식을 갖춘
도입부로
시작하는데,
이를 서문이라고
부른다.

선언문은 서문이나 30개의 조항 어디에서도 이에 대해 말하고 있지는 않다. 하지만 이에 대한 혐오감과 그런 일이 다시는 반복되지 않도록 막아야 한다는 의지는 세계사에서 가장 중요한 문서인 세계 인권 선언(205쪽 게재) 사이사이에서 분명히 찾아볼 수 있다.

2년 동안 이집트, 오스트레일리아, 벨기에, 칠레, 중국, 프랑스, 영국, 인도, 이란, 구 유고슬라비아, 레바논, 파나마, 필리핀, 구소련, 우크라이나, 백러시아, 우루과이, 미국에서 온 18명의 대표가 유엔 58개 회원국의 위임을 받아서 인간이 존엄성을 갖추며 살기 위해 필요한 것이 무엇인지 논의했다. 한 치의 오차도 없이 결정하기 위해 머리를 맞대고 토론을 벌이며 문장 하나하나마다 심혈을 기울였다. 사람을 국가의 횡포에서 보호할 수 있는지, 그리고 우리가 권리를 행사하며 살 수 있도록 국가가 무엇을 보장해야 하는지 고심

워싱턴 D.C에 있는
프랭클린 루스벨트
기념관 앞의 동상

했다. 프랭클린 D. 루스벨트의 아내인 엘리너 루스벨트(40쪽 참조)가 선언문을 작성하는 과정을 이끌었다. 하지만 안타깝게도 4가지 자유의 '발견자'이자 유엔의 '건축가'인 프랭클린 D. 루스벨트는 유엔의 창설을 보지 못한 채 제2차 세계 대전이 종식된 후 며칠 지나지 않아 눈을 감았다.

1948년 12월 10일 파리에서 열린 유엔 총회에서 8개국은 만장일치로 세계 인권 선언문을 채택했다. 오늘날 유엔 회원국 193개 나라는 유엔의 세계 인권 선언문에 쓰인 것처럼 모든 사람에게 생명과 자유, 안전에 대한 권리가 있다는 것을 인정한다.

우리는
어떻게 권리를 받을까?

권리가 있는 것과 옳다고 인정받는 것에는 차이가 있다. 이것은 집과 학교, 친구 사이를 관찰하면 알 수 있다. 인권도 마찬가지다. 우리가 이런 권리를 갖도록 지키는 일은 국가가 할 일이다.

위에서 아래로,
아래에서 위로:
인권이 시작에 오고,
인권을 실천하는
필요한 법이
뒤에 온다.

국가는 또한 사람들이
서로 생명과 자유
혹은 재산을 서로
빼앗지 않도록
보호해야 한다.

유엔의 세계 인권 선언문 제28조는 "모든 사람은 이 선언에 나와 있는 권리와 자유가 온전히 실현될 수 있는 사회체제 및 국제체제에서 살아갈 자격이 있다"라고 명시한다. 국가는 모든 사람이 생명과 자유, 노동, 교육에 관한 권리를 실제로 누리게 할 의무가 있다. 따라서 유엔은 협정이나 조약(89쪽 참조)을 통해 선언문을 더욱 정확하게 설명하는데, 모든 회원국이 여기에 서명한 것은 아니다.

특히 민주주의 국가는 인권을 헌법의 기본법으로 받아들였다. 이를 통해서 모든 시민은 자신을 위해 자기에게 있는 권리를 주장할 수 있다. 국가의 법을 제정하는 입법은 이런 권리에 생명을 불어넣어야 한다. 그렇지 않으면 국가에 저항하는 모든 사람은 법의 심판을 받을 수 있다. 예를 들어서 여자라는 이유로, 혹은 피부색이 어두워서, 아니면 특정한 종교를 믿기 때문에 학교를 다니지 못한다면 국가가 보장해

야 하는 여러 인권이 동시에 침해받는다. 독일인이라면 이
에 반대하여 독일의 최고 법정인 연방헌법재판소까지 소송
을 할 수 있고 필요시에는 유럽 연합 인권재판소(104쪽 참조)
까지 갈 수 있다.

대한민국에서는
헌법재판소에서
법령의 합헌성을
심판한다.

3장

하나뿐인 것은
없는 것과 같다

어떤 '세대'가
인권에 속할까?

단순한 생각에서 이념으로, 이념에서 행동으로. 인간이 자신의 권리를 발견하고
이를 실행하기까지 거의 3000년이라는 시간이 걸렸다. 인권의 3세대에 관해 이
야기해 보자.

인간은 3세대를 거쳐서야 비로소 자신이 어떤 권리를 가지
고 태어났으며 이런 권리가 서로 연관됐다는 점을 깨달았
다. 또한 하나의 어떤 권리가 다른 권리를 바탕으로 생긴다
는 사실을 인식하는 것에도 오랜 시간이 필요했다. 할아버
지와 할머니가 안 계시면 아버지와 어머니도 안 계시고, '부
모' 없이는 '아이'도 존재하지 못한다. 각각의 세대는 자신들
의 현재를 살며 이전에 살던 가족의 어깨너머로 본 것을 깨
닫고 여기에 또 새로운 것을 곁들여 가면서 발전해 나간다.
젊은 세대는 연세가 있는 가족 구성원에게서 많은 것을 배
운다. 그러면 연장자는 '우리가 일궈 놓은 것을 아이와 손자
가 계속해서 이어나가고 개선하다니, 우리가 노력한 것이
가치가 있구나!'라고 뿌듯하게 여긴다. 인간이 존재하는 한
이것은 계속해서 이어질 것이다. 오늘날의 시대를 사는 세
대에서 새로운 점은 우리의 행동이 다른 곳에 사는 사람의

삶과 지구 전체의 미래에 영향을 끼치고 또 어떤 영향을 끼칠지에 대해 생각한다는 사실이다. 우리는 역사상 처음으로 학문과 기술, 연구 분야의 발전을 지켜보면서 이런 발전이 우리의 미래를 안전하게 해 줄지 아니면 파괴할지, 혹은 이런 발전이 인권에 도움이 되도록 우리가 어떻게 해야 할지를 고민한다.

살아남기 위해 반드시 해야만 하는 질문이 있다.

'가족'이라는 개념에 비추어 관찰했을 때 시민적이고 정치적인, 소위 자유에 대한 권리와 진보적인 권리는 첫 번째 세대의 인권이다. 이런 권리를 발견한 사람은 고대의 철학자였다. 이들은 사람을 정치적 존재라고 설명했다. 모든 사람은 국가를 함께 만들어 갈 권리가 있다. 그리스인은 최초로 인간에게 존엄성이 존재한다는 것을 인식했다. 자유의 권리는 모든 사람이 어떻게 살고 싶은지에 대한 권리와 몇몇 소수가 다른 사람에게 권력을 행사하지 못하게 하는 권리를 보장한다. 자유와 평등은 이로써 인간 존엄성의 핵심이 된다. 우리는 생명이 안전할 때에만 이런 자유를 누릴 수 있다. 끼니를 때우고 집을 마련하기 위해 밤낮으로 쉴 틈 없이 24시간 내내 일해야 하고 다른 피해를 보지 않으려고 아등바등 살 때는 인간의 존엄성이라는 측면에서 봤을 때 자유롭다고 말할 수 없다. 그 외에도 인간의 존엄성에는 세계를 이해하는 것도 해당한다. 그리고 모든 사람은 다른 사람과 동등하게 지식과 권력, 힘을 가질 권리가 있다. 이런 깨달음은 17세기와 18세기의 '계몽된' 사람에게서 나왔다(48쪽 참조). 우리는 이를 통해 인간의 두 번째 '세대'의 경제적, 사회적, 문화적 권리에 다다랐다.

첫 번째 세대와 두 번째 세대는 국가에 대한 시민의 관계와 시민에 대한 국가의 관계를 규정한다. 자유에 대한 권리는 우리가 국가의 횡포에서 보호받고 의사 표현의 자유와 선거의 자유에 대한 권리를 보장할 것을 국가에 의무로 지정한다. 사회적·문화적 권리는 모든 시민이 안전하게 살고 교육을 받을 수 있도록 공동체를 구성할 의무를 국가에 부여한다. 의무 교육이 이런 개념에서 나왔다.

세 번째 세대는 국가가 공동으로 책임지는 집단적 인권이다. 이런 인권은 민족의 자결권과 발전, 평화에 대한 권리를 보장한다. 한 민족은 자신을 위협하는 세력이 없거나 외부의 지배를 받지 않을 때만 자기의 일을 스스로 결정하고 삶의 바탕이 마련될 때만 발전할 수 있다. 삶의 바탕에는 우리가 오늘날 잘 알듯이 온전한 자연도 속한다(199쪽 참조).

누가 우리를
국가로부터 보호하나?

아무도 사람을 고문하거나 죽여서는 안 되며, 아무런 이유 없이 가두거나 모욕하고, 노예로 삼거나 양심에 반하여 행동하도록 강요해서는 안 된다. 국가도 이것을 강제할 수 없다. 자유에 대한 권리는 국가의 횡포로부터 우리를 지킨다.

유엔의 세계 인권 선언문 제3조에는 "모든 사람은 생명을 가질 권리, 자유를 누릴 권리, 그리고 자기 몸의 안전을 지킬 권리가 있다"라고 쓰여 있다. 인간의 신체와 정신, 즉 인간 전체를 보호받을 권리를 의미한다. 그래서 이런 자유에 대한 권리는 동시에 인격의 권리이기도 하다. 이런 권리는 국가가 개인을 상대로 하는 행동에 경계를 긋는다. 국가라는 이름으로 사람을 학대해서는 안 되며, 임의로 가두거나 말하지 못하게 입을 막거나 정신적으로 피해를 주어서도 안 된다. 예로, 경찰은 어떤 범죄 행위를 다른 방법으로 막지 못하거나 공격을 당했을 때만 무력을 사용할 수 있다. 판사는 공정한 절차에 따라서만 죄를 지은 사람을 교도소에 가둘 수 있다. 하지만 재판을 통해 범죄자가 된 사람이 창살 있는 곳에 들어간다고 인권마저 잃는 것은 아니다. 심지어 살인자라도 그 사람의 인권을 박탈할 수 없다. 자유와 인격의 권리는 수백 년 전에 나온 마그나 카르타와 인신보호율 (45쪽 참조)에서 기인한다. 이들이 진 세계적으로 인정을 받은 것은 지난 20세기에 이르러서다. 이런 권리는 국가에 대항할 수 있는 우리의 저항력이다. 이것은 히틀러의 독재와 같은 만행을 명백하게 거부하는 것을 뜻한다. 나치는 국가의 이름으로 자신과 다르게 생각하는 사람과 유대인, 소수 민족의 구성원을 염탐하고, 모욕을 주고, 추격하고, 가두고, 노예처럼 억누르고, 죽였다.

정보와 언론의 자유는
왜 중요할까?

국가란 무엇일까? 우리가 국가다. 따라서 우리가 국가를 '만든다'. 세계 인권 선언문 제21조에는 이 점이 분명하게 명시돼 있다. "국민의 의사가 정부 권능의 기반이다."

이런 의사는 어떻게 형성될까? 시민적 · 정치적 인권의 핵심은 세계 인권 선언문 제21조에 담겼다. 의사는 정보와 생각의 자유를 보호한다. 의견을 내고자 하는 사람은 정보를 얻을 수 있어야 한다. 따라서 정보와 언론의 자유는 인권에 속한다. 어떤 국가도 뉴스를 억압하거나 검열해서는 안 된다. 즉, 국민이 경험하고 하지 말 것에 영향을 끼쳐서는 안 된다. 이를 막고 싶은 유혹은 우리가 사는 민주주의 국가에서조차 대단히 크다. 잘못하는 순간을 들키고 싶은 사람은 없을 것이다. 국가도 마찬가지다. 언론과 정보의 자유는 모든 국민이 자신에게 있는 저항력을 인지할 수 있음을 보장하고, 잘못된 일을 숨기려는 것을 막는 가장 중요한 도구이다.

하지만 의견을 자유롭게 완성하는 데에는 더 많은 것이 필요하다. 학급이나 친구들 사이에서 이미 본 적이 있을 것이다. 친구 간에 공동의 목표가 무엇인지를 알아내려면 이

권능은 이런 맥락에서는 통치를 의미한다.

정치('Politic'은 그리스어 'politiké'에서 나옴)는 사실 '국가 통치의 기술'이며 이는 한 사회의 공공의 이해와 관련된 모든 것을 의미한다.

에 대해 마음을 터놓고 이야기해야만 한다. 이런 과정을 거쳐야만 목표를 이루기 위해 함께 도전할 수 있다. 국가적 차원에서도 마찬가지다. 따라서 집회의 자유와 정당을 이루는 자유도 인권이다. 그러나 아무도 이렇게 하도록 강요당해서는 안 된다. 시민은 정당의 제안을 결정하고 시민의 뜻을 실천해 나갈 대리인을 선출할 권리가 있다. 이런 이유에서 인권은 자유로운 선거와 시민이 선거에 직접 출마할 자유를 보장한다.

경제적, 사회적,
문화적 권리란 무엇인가?

"돈이 전부는 아니지만, 돈이 없으면 아무것도 할 수 없다!"라는 말이 있다. 이때 '돈'이라는 말에는 음식과 집, 건강, 교육을 받을 수 있는 기회 등과 같이 한 사람이 사는 데 필요로 하는 것을 의미한다.

……그리고 돈이 좀 더 많이 있으면 더욱 좋다! 하지만 국가가 이에 대한 책임을 지지는 않는다. 부와 호화로움은 각자가 대장장이처럼 자신의 행운을 스스로 만들어 가야 한다. 국가는 이런 사람에게 망치와 모루(대장간에서 불린 쇠를 올려 놓고 두드릴 때 받침으로 쓰는 쇳덩이 - 역주)만 마련해 주면 된다. 인간의 존엄성을 유지하며 살게 하는 망치와 모루는 인간의 사회적, 경제적, 문화적 권리다. 세계 인권 선언문에는 "자신의 존엄성과 인격의 자유로운 발전에 반드시 필요한"이라는 문장이 나온다. 국가는 이에 상응하는 법을 통해 모든 사람이 이런 권리를 지킬 수 있도록 보장할 의무가 있다. 국가는 바로 이것을 위해서만 존재 이유가 있다(48쪽 참조). 경제적 권리에는 노동과 실업에 대한 보호의 권리가 속한다. 국가가 직접 나서서 노동의 기회를 마련해 주어야 함을 의미하지는 않지만 이를 위해 충분한 일자리가 있도록 틀을 마

련해야 한다. 국가는 또한, 노동의 대가를 정당하게 지불할 의무가 있다. 모든 사람은 동등한 보수를 받아야 한다. 어떤 사람도 착취당하거나 인간의 존엄성을 해치는 노동을 하도록 강요받아서는 안 된다.

사회적 권리는 실업과 질병 혹은 연령 때문에 생길 수 있는 어려움으로부터 보호받을 권리를 의미한다. 이로부터 사회보장 보험(의료, 간병, 연금, 실업 보험)이라는 보호망이 생겼다. 국가는 모든 국민을 예방 차원에서 '금고'에 일정한 금액을 지불하게 의무를 지움으로써 이런 망을 '짠다'. 사회적 권리는 국가가 엄마와 아이를 위해 특별한 복지를 제공할 의무를 지게 한다. 어른보다 아이가 훨씬 더 많은 보호를 받아야 하며, 모든 아이는 특히 삶이 처음 시작되는 시기에 엄마가 필요하기 때문이다. 문화적 인권은 모든 사람이 교육받을 권리를 보장한다. 사람들이 교육을 받음으로써 스스로 예술적으로 표현하고 예술의 도움을 받아 자신의 생각을 추구할 수 있도록 하기 위함이다. 국가는 모든 사람이 적어도 초등 교육을 받을 수 있도록, 또한 반드시 받게끔 교육의 의무를 수행해야 한다.

그래서 '의무 교육'이라는 제도가 있다.

세계 인권 선언문 제26조는 교육의 목표를 모든 사람이

자립적인 인격을 발전할 수 있게 하는 데 둔다. 국가는 모두
에게 우리의 권리가 무엇인지 알게끔 교육시켜야 한다. 또
한 다른 사람의 권리를 존중하도록 하는 일도 교육의 목적
이다.

세 번째 세대의 권리가
중요한 이유

오염된 환경, 자원을 얻기 위한 전쟁, 아동 노동, 인권을 보장하기에는 국가가 너무 가난해서 처한 어려움에 의한 질병. 세계가 세 번째 세대의 권리를 위반하면 사람들이 고통을 받는다.

인권의 이런 세 번째 세대에 대한 인식은 비교적 역사가 길지 않고 논쟁의 여지도 있다. 이런 집단 권리는 세계에 존재하는 국가가 인류 전체에 책임이 있다고 의식할 것을 촉구한다. 지구상의 모든 나라는 자신의 국민만을 위해서 행동할 것이 아니라 이로 말미암아 다른 국가와 사람에게 어떤 피해가 가지 않도록 행동해야만 한다. 우리는 오늘날 한 나라의 정치가 그 나라를 둘러싼 바깥에 사는 사람들의 삶에도 영향을 미친다는 사실을 안다(202쪽 참조). 세계 인권 선언문 제28조에는 이런 연대 권리에 대해 "모든 사람은 이 선언에 나와 있는 권리와 자유가 온전히 실현될 수 있는 사회체제 및 국제체제에서 살아갈 자격이 있다"고 나와 있다.

무엇보다 개발도상국은 이런 권리를 강하게 주장하며 반드시 언젠가 권리를 불러일으키기를 요구한다. 이들은 가난의 원인이 식민 통치 기간에 있음을 기억한다. 소위 제삼 세

연대적(solidarisch, 라틴어의 'solidus'는 '전체'를 의미)이란 것은 전체가 관련되고, 모든 사람이 각자 자신의 행동을 통해 전체에 이득을 가져 오는 것을 뜻한다.

계라 불리는 나라는 유럽에서 온 통치자가 권력을 쥐고 그곳을 식민지로 삼았다. 20세기 중반에 대부분 완전한 독립 국가가 되긴 했지만 유럽의 나라는 이들과 종종 임의로 경계를 두었다. 유럽은 그런 나라의 가난한 사람이 새로운 어려움에 빠지도록 방치했다. 또한 외국계 기업이 이때 생긴 권력의 공백을 자신을 위해 악용하는 경우도 흔하게 발생했다. 그래서 개발도상국이 자신이 생산한 물건을 세계 시장에 내놓는 일에 어려움을 겪을 때가 종종 있다. 이것은 다시금 새로운 가난을 불러온다.

석유와 같은 지하자원에 관해 채워지지 않는 욕심도 개발도상국에 사는 사람들의 삶을 힘들게 한다. 자원에 대한 높은 수요는 자원의 가격을 높인다. 하지만 가난한 나라에까지 이득이 가기 전에 많은 종류의 자원이 고갈될 때가 많

개발에 대하여
권리를 위해
유엔이 독지적인
조약이 있지만
모든 회원국이
여기에 서명하지는
않았다.

신 세계 많은
어린이들이
인제까지도
아동 노동에서
자유롭지 못하나.
아프리카 모잠비크
카탄디카 지구에서
일을 하고 있는
아이들의 모습.

· Wikimedia Commons

다. 노동자는 가능하면 저렴하게 구입하고 싶은 구매자의 욕구를 충족시키기 위해 형편없는 급여를 받고 일하며 인간을 경시하는 노동 조건을 견딘다. 아이들은 돈을 벌어야 살기 때문에 학교에 가지 못한다. 이런 상황에서 연대 권리는 이미 이름에서 알 수 있듯 무엇보다 연대적 행동을 요구한다.

환경 보호도 같은 맥락에 속한다. 오늘날 모든 어린이는 인류의 일부가 매연으로 공기를 더럽혔기 때문에 전 세계가 지구의 기후 변화라는 대가를 치른다는 사실을 안다. 연대 권리에는 개발과 자원의 보호, 세계적 평화가 들어 있다. 인간의 존엄성뿐만 아니라 이런 인권의 세 번째 세대에 지구의 미래와 모든 사람의 생존이 달려 있다.

하나뿐인 것은
없는 것과 같다?!

무엇이 더 중요할까? 자유 아니면 평등? 배가 부른 것, 아니면 지식이 가득한 머리? 일, 아니면 건강? 모든 권리가 전부 필요하기에 한 인권으로 다른 인권을 반대하는 일은 아무런 의미가 없다.

사는 것은 그 자체로 소중한 재산이다. 하지만 굶주림과 질병에 시달리거나 다른 사람이 나쁜 짓을 할지도 모른다는 두려움 속에서 살아야만 하는 사람이 겪는 부자유 속의 삶이란 도대체 무슨 의미가 있을까? 세계 인권 선언문 제30조에는 무엇이 인권에 속하는지가 함축돼 있다. 이 조항을 읽으면 왜 이런 모든 권리가 다른 권리 없이는 실현될 수 없는지를 이해할 수 있다. 모든 권리는 각각의 사람이 개인적 인격체라는 것에 본질을 두고 존재한다. 우리는 자신에게 잠재된 가능성을 깨닫고 이용하고 살리기에 충분할 만큼 상황이 안전할 때에 한해서 인격을 발전시킬 수 있다. 이런 권리는 나눌 수도 없지만 동시에 제한을 받기도 한다. 이런 제한은 개개인의 자유가 같은 권리를 행사하고자 하는 다른 사람을 방해하는 곳에 적용된다. 국가가 맡은 의무는 이런 경계 내에서 자유 공간을 보호하고 동시에 누구도 이런 경계를 침해하지 않도록 신경을 쓰는 일이다.

참정권에 관한 권리는 우리에게 자유롭게 선거할 수 있는 권리를 준다. 그런데 교육을 받아서 지식을 쌓은 사람만이 이런 권리를 인지할 수 있다. 그렇지 않으면 정보를 얻지 못하기 때문이다. 정보가 없는 사람은 자신이 무엇을 혹은 누구를 선택했는지 아예 모를 수 있다. 쓰지도 못하고 자신의 의견을 내지도 못하는 사람에게 의사 표현의 자유가 무슨 소용이 있겠는가? 한 권리가 다른 권리와 연관된다는 사실은 이것을 봐도 알 수 있다.

다음 세대에 우리는
무엇을 얻을 수 있을까?

내게는 교육에 대한 권리가 있으니 인터넷을 사용해도 되는 권리도 있지 않을까?
문화적 가치를 보호하는 것은 웹에 돌아다니는 '더러움'에서 나를 보호하는 것도
의미할까? 생명에 대한 존중은 유전자 연구를 할 때도 '조심'할 것을 요구할까?

1948년 유엔이 인권 선언을 했을 당시에는 이런 걱정을 하지 않아도 됐다. 사람들이 인터넷을 통해 무한정으로 정보를 얻을 수도 없었거니와 혐오와 박해, 거짓을 위한 문도 활짝 열려 있는 상태가 아니었다. 질병과의 전쟁에서 연구원이 유전자를 조작하거나 새로운 생명체나 사람을 규격에 맞추어 만들어 내는 과정에 있지도 않았다. 핫라인 전화를 해서 세상의 다른 끝에 있는 상담자가 수화기를 드는 일도 없었다. 오늘날 우리는 사람들이 잡지에 벌거벗은 채 몸을 드러내는 일에 익숙해져 있다. 하지만 몇십 년 전만 해도 사람들은 이런 모습을 보고 마음 깊은 곳에서부터 수치심을 느꼈다. 오늘날에도 다른 문화를 가진 국가에서는 이런 사진이 있으면 여전히 까맣게 지워 버린다. 하지만 그런 나라에서도 마음만 먹으면 어떤 아이라도 자기 방에 놓인 컴퓨터 모니터로 가장 은밀한 사진을 볼 수 있다.

이때 누가 혹은 무엇이 어떤 인권을 침해하는 것일까? 사진을 까맣게 지움으로써 정보의 자유를 침해한 사람? 아니면 이런 사진을 인터넷에 올리도록 허가한 사람? 전화를 받은 사람이 인간의 존엄성에 위배되는 조건 아래에서 일하고 있다면 어떤가? 우리가 이런 사실을 모르고 그 사람을 도와주지 못했다고 해서 이것 때문에 그 사람의 인권을 해쳤다고 말할 수 있을까? 생명과 생명을 보호하는 일은 어디에서부터 시작할까? 배아의 세포 안에서, 아니면 아이가 '응애!' 하고 세상 밖으로 나와 처음 울음을 터뜨리는 순간부터? 인권은 변하지 않지만 살아가면서 인간의 가능성은 변한다. 따라서 인간이 가치 있는 삶을 살려면 우리는 어떻게 행동해야 하나라는 질문에는 항상 새로운 답이 있기 마련이다.

4장

자, 이제부터 시작이다!

유엔은 정말
세계의 양심일까?

한 국가의 수장이 한 동료를 향해 쓸모없고, 멍청하다고 욕하고 화를 내면서 연단 위를 신발 한 짝으로 내려친다. 한 정치인은 평화의 상징인 올리브 나뭇가지를 흔들며 정작 옷 속에는 권총을 숨기고 있다.

유엔에서 이런 일이 항상 벌어지는 것은 아니지만 193개 회원국(2020년 기준)의 대표가 평화와 인권에 관해 논쟁을 벌이면 격렬해질 때가 있는 것은 사실이다. 신발 일화는 당시 모스크바의 서기장인 니키타 흐루쇼프(Nikita Khrushchyov)가 1960년에 한 일이며, 권총집에 권총을 숨긴 것은 1974년 팔레스타인의 전직 지도자였던 야세르 아라파트(Yasser Arafat)가 행한 일이다. 두 사건 모두 몇십 년 전에 유엔 총회라는 세계에서 가장 중요한 토론회에서 일어났다. 이런 사례는 이따금 국가의 수장들 역시 싸울 때 상대방을 우선 존중하는 마음을 잃어서는 안 된다는 것을 어린아이들처럼 배워야 한다고 말해 준다. 하지만 나쁜 처신은 곧바로 주먹을 들고 상대의 얼굴을 가격하는 일보다는 훨씬 낫다. 바로 이런 이유에서 유엔이 존재한다. 1년에 한 번씩 혹은 급한 사안이 있을 때는 더 자주 세계 강대국의 지도자가 뉴욕의 유엔 본부에서 총회를 열고자 모인다.

유엔은 '세계의 양심'이며 인권 문제에서도 마찬가지다. 전쟁광과 고문을 하는 자는 다른 국가나 총회가 이들을 공개적으로 거론하고 모욕을 주는 것을 각오해야만 한다. 하지만 유엔이 이런 범죄를 간단하게 처리할 수 있는 것은 아니다. 유엔 회원국이라도 모든 국가에는 주권이 있기에 유엔은 다른 국가의 일에 간섭할 수 없다. 그래서 비판자들은 유엔을 두고 몇몇 비 법치국가가 알몸을 가리기 위해 든 무화과 나뭇잎에 지나지 않는다고 비방하기도 한다. 하지만 1948년 세계 인권 선언문이 발표된 후로부터 소위 '무화과 나뭇잎'에 적어도 구멍이 생기기 시작했다.

유엔의 정치는 보폭이 좁다.

하지만 느리게 걷는 사람도 역시 앞으로 나아간다. 세계 인권 선언문은 하나의 의향서기 때문에 소송을 할 수 없다. 하지만 일부 조약과 협정은 다르게 작용한다(89쪽 참조). 여기에 서명한 나라는 다른 나라의 비판과 통제를 감수해야 한다.

유엔은 어느 국가에 무엇인가를 강요할 수 없다. 그럼에도 지난 세기 유엔에 설치된 몇몇 기구는 도구를 이용해 범죄를 저지른 국가를 압박하는 데 도움이 됐다. 유엔의 가장

자신의 행동에 대한 모든 국가의 국권은 주권을 통해 나타난다. 주권은 밖으로는 국제법을 제한하고, 안으로는 헌법을 제한한다.

국제법은 모든 국가가 평등한 권리를 가졌으며 다른 나라를 다스릴 수 없는 것을 의미한다. 국제법은 국가 간의 계약이라고도 말한다.

뉴욕의
유엔 총회 본부

중요한 도구는 인권 범죄자를 비추는 거울이며, 가장 주요

외교는 협상의
예술이라고
부른다.

무기는 말이다. 유엔의 헌법은 외교다. 이런 모든 것이 소용

제재(라틴어
'sanctio'에서 유래)는
권리와 규범을
위반했을 경우
내리는 처벌을
내세우는 위협이다.

이 없을 때, 예를 들어, 유엔의 안전보장이사회(100쪽 참조)는

무역을 보이콧하는 것처럼 제재(sanction)를 가하거나 평화유

지군을 파견할 수 있다. 인권을 감시하기 위해 독립적인 고

등판무관을 두기도 한다.

인권 선언! 그렇다면 실천은 어떻게 해야 할까?

우리는 인권을 어떻게 올바르게 실천할 수 있을까? 각자 할 수 있는 한 서로 도와 주는 것이다! 이것이 바로 협정의 핵심이다. 여기에 서명하는 사람은 좋은 의도를 보이는 것 외에도 실제로 행동할 의무가 있다.

그런 조약으로 이루어진 한 묶음은 인권 선언을 더욱 자세히 실천하도록 한다. 모든 국가가 모든 조약에 서명한 것은 아니다. 하지만 협약(Convention)에 서명한 국가는 협약의 내용을 위반했을 때는 그 이유에 대해 다른 국가의 통제를 받고, 유엔에서 설명하고, 질문에 답변해야 한다. 164개국의 서명이 '경제, 사회, 문화에 대한 권리를 위한 국제 협약'(73쪽 참조)이라는 소위 사회협약이라는 이름 아래 화려하게 빛난다. '민간인과 시민의 권리에 대한 국제 협약'에는 168개국이 동의했다. 이런 시민적, 정치적 권리에 대한 국제 협약은 소위 자유의 권리(69쪽 참조)를 보장한다. 이것은 모든 국가가 다른 나라에 대한 불만을 토로하는 것뿐 아니라 각각의 시민이 개인의 불평을 말할 수 있는 권리를 허용한다. 다시 말해 국가가 인권을 위반했을 경우 개인이 유엔 인권위원회에 국가를 소송(91쪽 참조)할 가능성을 준다. 하지만 협

협약(라틴어로 conventio)은 '일치'를 뜻한다.

인권 선언문, 사회 및 시민적 국제 규약은 유엔의 인권 대헌장이 된다.

약이 모든 문제를 한꺼번에 해결할 수 있는 것은 아니므로 모든 국가에 폐해를 없앨 기간을 준다. 이에 대해 모든 국가는 어느 시점까지 어떤 목표를 이룰 것인지와 이것을 실제로 이룰 수 있을지에 대한 '계획표'를 제출해야 한다. 목표를 이루지 못하면 인권위원회는 각각의 국가에 조언을 한다. 사회, 시민 협약 외에도 인종차별과 고문, 여성에 대한 부당한 대우에 반대하고 아동의 권리(107쪽 참조)를 찾기 위한 협약도 있다.

인권위원회는
누구를 고발할까?

한 국가가 인권을 허용하지 않으면 누구든 국가를 유엔 인권위원회 앞에 세울 수 있다. 몇몇 사례에서 볼 수 있듯이 이때 목숨에 관한 문제만이 중요한 것이 아니라는 것을 알 수 있다.

오스트레일리아의 조종사들은 자국의 항공 회사가 자신들을 60세에 퇴직시키려고 한다며 회사를 인권위원회에 고발했다. 18명으로 구성된 전문가는 단지 나이 때문에 조종사에게 조종실 문을 열지 못하게 하는 일은 있어서는 안 된다는 결정을 내렸다. 하지만 오스트레일리아에서 조종사들의 소송은 기각당했다. 이는 국가가 나이 때문에 조종사들을 차별했다고 볼 수 있다. 러시아에서 태어나 라트비아에 사는 한 여교사는 수도인 리가의 시의회 의원 후보로 나설 수 있는 허가를 받지 못했다. 라트비아어를 제대로 구사하지 못한다는 이유였다. 하지만 교사가 되기 위해 여교사는 이전에 이미 언어 시험을 통과했다. 필리핀은 한 시민을 정식으로 법적 재판을 거치지 않고 9년형에 처했다는 이유로 유엔 인권위원회에 고발을 당했다. 네덜란드에 사는 한 엄마는 유엔의 도움으로 아이를 위한 한부모 가정 연금을 받게

민법 조약에 함께하는 모든 국가의 시민은 국가가 자신의 권리를 해치면 인권위원회에 도움을 요청할 수 있다.

됐다. 아기가 태어나기 전에 아이의 아빠는 이미 세상을 떠났는데 사회복지부는 부부가 결혼하지 않은 상태에서 아이가 태어났기 때문에 아이가 연금을 받을 수 없다며 신청을 거부했다. 하지만 부모가 결혼했는지 혹은 안 했는지에 상관없이 모든 아이의 권리는 동등하다. 페루는 중증 장애를 지녀서 태어나더라도 얼마 살지 못한다고 진단받은 아이를 가진 17세 청소년에게 낙태를 금지해서 비난을 받았다. 결국 아기가 죽은 후에 그 청소년은 괴로움에 심각한 병을 앓았다.

인권위원회는
일종의 소방서다?

어떤 나라도 유엔 인권위원회가 자기를 호명하는 일을 달가워하지 않는다. 인권위원회는 세계의 상처를 보듬어 주려고 애쓴다. 인권위원회에서는 유엔이 힘든 문제를 놓고 아슬아슬하게 갈등을 조정하는 모습을 볼 수 있다.

지구상에 있는 국가를 모두 한 테이블에 앉히고 이들의 권력을 제한하려는 유엔의 딜레마가 가장 뚜렷하게 드러나는 곳은 다름 아닌 인권위원회에서다. 전 세계 거의 모든 국가는 유엔에 자리가 있고, 참정권이 있다. 인권을 함부로 다루고, 시민의 존엄성을 빼앗고, 사람을 괴롭히거나 심지어 살인까지 저지르는 나라 역시 마찬가지다. 범죄국은 종종 총회에서 자신이 저지른 부당한 행위를 두고 국가들의 공동체가 보일 반응에 영향을 끼치려고 한다. 인권위원회는 이럴 때 특히 어려운 임무를 띤다.

　인권위원회에 속한 47개 회원국은 3년마다 총회를 통해 선출된다. 이들은 인권위원회를 위해 유엔이 각각의 나라에서 어떤 인권 문제를 어떻게 다루어야 할지를 전달하고 조언을 주고자 보고서를 준비한다. 총회는 회원국을 선출하기 전에 후보자와 그의 나라가 인권 문제를 어떻게 다루는지

인권위원회는
한 국가가 시민을
어떻게 다루는지
종종 현지의
비정부 기관
(128쪽 참조)과
밀접하게 협력하여
활동한다.

조사하며 모든 회원국으로부터 그 직위를 다시 뺏을 수도 있다. 자릿수는 세계 지역의 크기에 비례한다. 즉, 아프리카와 아시아는 각 13개, 카리브해의 국가를 포함한 라틴 아메리카는 8개, 동유럽은 6개, 서유럽은 기타 국가와 함께 7개의 발언권을 갖는다. 2017년에 있었던 새로운 투표에서 러시아는 47개 회원국 중에서 14표를 받아 이사국에서 퇴출당했다. 러시아가 시리아 내전에서 반대진영 지역의 민간인과 학교, 병원에 폭탄을 떨어뜨렸기 때문이다. 러시아는 인권을 보호하는 데 힘을 쓰기는 커녕 이를 위반했다.

인권위원회의 신뢰성은 특히 중요하다. 인권위원회는 유엔을 위해 나라별로 혹은 주제별 보고서를 작성하는데 이를 위해 각각의 나라에 보고관을 정기적으로 파견한다.

정부와는 반대 의견을 대표하는 사람을 반대진영이라고 부른다.

인권위원회는 일종의 소방서와도 같다.

어딘가에서 불이 나면 즉, 정부와 군대 혹은 다른 국가기관이 자기 나라에서 인권을 해치는 짓을 벌이거나 사람의 생명을 위협하면 위원회는 특별보고관을 보낸다. 예로, 2016년에 헝가리는 난민 조력자를 괴롭혔다는 이유로 고발을 당했다. 유엔 인권위원회에서 보낸 사절단은 이와 같은 일이 생기면 정부의 양심에 호소하고, 중재하고, 국가의 부당함에 희생된 사람을 돕도록 노력한다. 그런데 정부는 국가 이미지에 금이 가기는 해도 인권위원회에서 보낸 특별보고관의 입국을 거부할 수 있다. 몇 년 전에 이스라엘에서 특별보고관이 입국을 포기하는 일이 발생했다. 그가 맡은 임무는 이스라엘이 점령한 지역에서 팔레스타인인의 인권이 보장되고 있는지를 조사하는 일이었다. 하지만 이스라엘 정부는 특별보고관이 그곳에 들어오지 못하도록 막았다. 특별보고관들은 임무를 마치고 돌아와서 인권위원회와 유엔 총회에 이처럼 해당 국가가 거부할 때 세계 공동체가 어떤 조치를 취할지에 대해 아이디어를 제시한다. 하지만 대부분 열띠고 고통스러울 정도로 기나긴 토론으로 전락하고 마는 경우가 허다해서 유엔은 너무 약하고, 아무것도 못 하며, 혹은 너무 적은 일을 한다는 비난을 종종 듣는다. 외교적 노력도 시기를 놓쳐 르완다에서 집단 학살이 일어났을 때처럼 아무런 효력을 나타내지 못할 때도 많다.

1994년, 아프리카 대륙에 있는 르완다에서 후투족 군인이 적대적 관계였던 투치족을 100만 명이나 살해했다.

유엔인권고등판무관이
하는 일은 무엇일까?

인권고등판무관은 총을 가지고 다니거나 누군가를 체포하지는 않지만, 군대를 동반하고 지속적으로 경계를 선다. 인권고등판무관은 현지에서 그 나라의 지배자를 빈틈없이 조사하려고 애쓴다.

인권고등판무관이 지닌 '무기'는 '조용한 외교'다. 고등판무관은 유엔의 사무총장 바로 아래에 오는 직위로, 임명을 받은 사람은 4년 동안 임무를 수행한다. 유엔의 사무총장과 인권고등판무관, 그리고 총회가 원하면 두 번째 지원자를 뽑을 수도 있다.

　제네바에 있는 고등판무관 사무소는 모든 유엔 소속 인권 기관과 업무를 조율한다. 고등판무관과 인권위원회는 상호 협력을 하지만 고등판무관이 유엔 산하 기관의 이야기만 경청하는 것은 아니다. 고등판무관은 비정부 단체(128쪽 참조)와 관련 국가, 경제, 그리고 무엇보다 현지에 사는 사람과 밀접하게 교류한다. 고등판무관은 이와 더불어 필요한 경우에는 유엔 사무실을 추가적으로 각 나라에 세운다. 전쟁이나 다른 재난을 당한 후에 인권을 다시 지키고 그 나라를 돕도록 직원을 파견한다. 그 외에도 고등판무관은 사무총장과 인권위원회를 조사한다. 조용한 외교란 고등판무관이 전념하고 있는 일과 맡은 모든 것을 바로 떠들썩하게 세상에 알리지 않는 것을 의미한다. 하지만 목소리를 높여서 세상 사람들이 더 많은 경각심을 갖게 한다. 예컨대, 유엔 인권최고대표 자이드 라아드 알 후세인(Zeid Ra'ad Al Hussein)은 사람들에게 '절반의 진실과 공포를 조장해서' 표를 얻으려는 정치가에게 항의할 것을 촉구했다.

국가는
누가 재판할까?

범죄를 저지른 사람은 재판을 받는다. 법치국가도 마찬가지로 잘못을 저지르면 재판을 받아야 한다. 국가의 이름 아래 범죄를 저지르면 누가 재판을 열까? 2002년부터 국제사법재판소는 최고 법정의 역할을 한다.

이곳에서는 고소인과 각각 9년 동안 임무를 맡도록 선출된 18명의 판사가 집단학살, 소수 민족의 권리 박탈, 전쟁 범죄 혹은 인류에 위배되는 범죄로 비난을 받은 사람에게 책임을 묻는다. 이런 재판의 본보기로 1993년 '구유고슬라비아 국제 형사 법원' 및 르완다에서 벌어진 집단학살(93쪽 참조)에 관해 1994에 열린 형사 재판을 들 수 있다. 두 나라는 특정 '인종' 즉, 민족 집단 혹은 종족 집단에 속한다는 이유로 많은 사람을 추방하고 살해했다.

공식적으로 국제사법재판소라는 이름이 붙은 세계 법정은 네덜란드 헤이그에 있다. 이곳에서는 원고와 국가와 정부 지도자 및 죄를 범한 유엔의 관리까지 모두 법정에 세울 수 있다. 하지만 이것은 범죄를 저지른 용의자의 나라가 이 사람을 스스로 재판할 능력이 안 되거나 재판할 의향이 없을 때만 가능하다. 게다가 모든 국가가 국제사법재판소를

사법재판소는 민족의 권리에 대한 범죄를 밝혀야만 하는 특수 재판소다.

지지하는 입장은 아니다. 예로, 124개국(2017년 기준)이 1998년에 설립된 '로마 규정'에 서명했으나 중국과 미국은 참여하지 않았다. 러시아는 서명을 다시 철회했고 부룬디와 서아프리카, 감비아도 그 뒤를 따랐다. 마지막 세 나라는 지금까지 흑인만 재판에 섰다는 이유로 재판관을 인종차별주의자라고 비난했다. 하지만 아프리카 9개 국가에서 일어난 범죄 중 6건은 이들 나라에서 먼저 국제사법재판소에 소송을 제기한 것이었다.

안전보장이사회의
권력은 얼마나 클까?

전쟁은 폭력의 최악의 형태다. 인간의 모든 인권이 침해를 당하기 때문이다. 따라서 유엔에서 가장 힘이 센 집단은 안전보장이사회다. 안전보장이사회는 전쟁을 막고 평화를 확실하게 지키거나 나라를 복구하는 데 도움을 주어야 한다.

15개국으로 이루어진 안전보장이사회는 유엔에서 가장 논쟁이 많지만 동시에 가장 중요한 업무를 맡고 있다. 안전보장이사회는 현지에서 인권을 수호하거나 복구시키기 위해 다른 국가에 직접 개입할 수 있는 유일한 기구다. 안전보장이사회는 해당 국가를 제재(86쪽 참조)할 것을 결정하거나 갈등을 무마하고 평화를 찾거나 위기에 처한 지역에서 국가적 기관을 복구하기 위해 군인과 인도주의적 조력자를 파견할 수 있다. 수로를 건설하는 것부터 선거가 진행될 수 있도록 하는 일, 구호물자를 분배하는 일, 관청을 세우는 일을 포함해서 혁명군을 무장 해제시키는 일까지 안전보장이사회는 여러 분야에서 활약한다. 안전보장이사회는 이런 일을 개시할 것을 결정하면 유엔 회원국에 군대 혹은 민간인 전문가를 준비할 것을 요청하거나 유럽 연합 혹은 서구 국가들의 방어 연합인 나토(NATO)에 이런 프로젝트를 맡을 것

인도주의('humanitas'라는 라틴어에서 유래했다. 인간적인 것과 같은 의미다)란 '사람의 안녕을 위한다'라는 뜻이다.

을 부탁한다.

안전보장이사회는 1948년부터 50회 이상 평화유지군을 파견했다(2017년 기준). 2017년 한 해만도 약 9만 5000명의 푸른 헬멧군이 현장에 투입됐다(파란색 군모를 써서 이렇게 불린다). 이들과 함께 2만 명의 경찰과 민간인 직원도 활동을 함께했다. 원래 유엔의 평화유지군은 무기를 소지할 수 없다. 하지만 1990년대 갈기갈기 조각난 유고슬라비아를 차지하기 위한 전쟁에서부터 소위 위급 상황에서는 무기를 사용해서라도 평화를 찾아야 한다는 강력한 임무를 만들었다. 그러나 이 점에 대해서는 여전히 논쟁이 많다.

안전보장이사회에는 5개 상임국(중국, 프랑스, 영국, 러시아, 미국)이 있고, 2년에 한 번씩 선출되는 10개 비상임국이 있다. 안건의 결정을 위해서는 찬성표가 9개 필요하지만, 전체 5개 상임국이 만장일치를 해야 한다. 이는 결정이 나는 것을 막을 수 있는 거부권 즉, 권력을 뜻한다. 따라서 이사회를 개혁해야 한다는 필요성이 논의된다.

101

아프리카와 이슬람 국가 인권의 특징은 무엇일까?

인권은 어디서나 모든 사람에게 적용된다. 그런데 세계의 여러 지역에서 추가적인 인권 선언을 했다. 이는 그곳에 사는 사람과 민족, 문화가 안고 있는 문제와 특징을 반영한다.

아프리카의 인권 헌장을 들여다보면 식민지 시대에서 유래한 아픈 잔재가 눈에 띈다. 유럽은 아프리카 대륙의 민족을 괴롭히고 끝에는 이전에 전혀 같은 집단에 속하지 않았던 사람들을 임의로 나누어 국가에 밀어 넣었다. 이것은 민족 간의 분쟁으로 이어졌고 이로 인해서 여전히 전쟁이 발발하고 있다. 오늘날 아프리카는 산업국가에 의해 자유를 잃었다. 선진국의 기업이 종종 나라의 경제를 좌우하기 때문이다. 그래서 소위 반줄 헌장(Banjul Charter)은 사람의 권리 외에도 '인민의 권리'를 위해 존재한다.

반줄은 아프리카의 감비아에 있다.

유엔의 세계 인권 선언문은 유럽 역사를 기초로 만들어졌다. 그래서 개인의 자유에 대한 권리를 특히 중요시한다. 하지만 그와는 반대로 아프리카는 세 번째 세대의 권리(76쪽 참조)를 중시하며 헌장에 의하면 몇몇 국가에서 외국 군대의 주둔으로 위협받는 아프리카 대륙의 발전과 자유에 대한 권리를 강조한다. 헌장에는 모든 사람이 자신의 능력을 국가 안에서, 그리고 국가를 위해 사용해야만 한다는 인민의 의무 또한(190쪽 참조) 명시하고 있다. 아메리카에 있는 나라들도 마찬가지로 독자적인 인권 협약을 제정했다. 하지만 광범위하게 넓은 국가인 캐나다는 이에 서명하지 않았고 가장 강력한 국가인 미국은 협약을 비준하지 않았다. 인권을 『코란』에서 정한 규율 아래에 둔 '이슬람 국가에서의 인권 선언문'은 논란의 여지가 많지만 이것도 해석에서 많은 차이가 있다.

비준한다는 말은 '인민 법칙에 맞게 인정한다'라는 뜻이다. 즉, 다른 국가를 상대로 한 계약서를 입증한다는 뜻이다.

이슬람의 인권 선언문에서는 신이 인권을 주었다고 말한다. 즉, 인권보다 종교를 우선으로 생각한다.

인권을 지키기 위한
유럽 국가의 노력

가까운 사이인 사람들은 서로를 쉽게 감시할 수 있다. 그래서 유럽의 국가는 자신들만의 인권 선언문을 추가로 통과시키고 특별한 재판소를 마련했다.

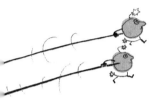

유럽인권재판소는 유럽의회 회원국인 나라가 인권을 지키지 않으면 문의할 수 있는 세계적으로 유일한 상담 기관이다. 어느 기관이 아이와 부모가 상호 교류하는 것을 방해받거나 피고인이 재판을 받기 위해 불필요하게 너무 오랜 시간을 기다려야 할 때 혹은 수감자가 비인간적인 처우를 당했다고 느낄 때가 있다. 그럴 때 스트라스부르의 유럽인권재판소에 소송을 제기하면 희망을 걸 수 있다. 피고가 옳다는 판결이 내려지면 판결받은 국가는 인권을 유린하는 행동을 중지하고 때로는 보상금을 지불하기도 한다.

유럽인권재판소는 1998년에 활동하기 시작했다.

재판소가 문을 열고 몇 년 지나지 않아 판사는 세계에서 가장 바쁜 사람이 됐다. 해마다 수천 명의 사람이 자신의 고충을 들고 스트라스부르로 오기 때문이다. 재판장이 첫째로 하는 일은 불평 사항이 타당한지를 살피는 것이다. 종종 화해로 사건이 조정 가능할 때도 많다. 그러면 피고인과 고소를 당한 국가는 법정에서 만나 재판을 거칠 필요 없이 합의한다. 국가도 마찬가지로 다른 국가를 스트라스부르의 재판관 앞에 세울 수 있다.

유럽의회의 유럽 인권 선언문은 1953년에 공표됐다. 위원회의 회원국은 예나 지금이나 유럽의 역사와 전통, 문화를 바탕으로 유엔이라는 광범위한 틀에서보다 인권을 훨씬 더 쉽고 빠르게 실행할 수 있다고 확신한다. 이런 협약 속에서 유럽 인권 선언문은 생명과 자유, 공정한 재판, 사생활과 가족과의 생활 보호, 고문으로부터의 보호, 비인간적 대우와 강제 노역으로부터의 보호, 의사 표현과 종교의 자유에 관한 권리, 평등권과 같은 인권에 힘을 실어 준다. 유럽의 협약은 국가들이 재판소의 판결을 수긍하는 것에 궁극적 목적을 둔다.

유럽의회는 또한 자체적으로 인권판무관을 설치했다. 인권판무관은 국가들이 인간의 존엄성을 더욱 잘 실천하고 보호하도록 조언한다. 인종차별주의와 편협에 대한 유럽인종차별위원회(European Commission against Racism and Intolerance)는 더 나아가 각각의 나라가 사회의 소수 집단 인권을 완전하게 보장하고 있는지 감시한다. 유럽인종차별위원회는 감찰

1949년 10개국이 유럽의회를 창설했다. 평화의 무대가 되는 유럽의회는 인권을 강화하고 민주주의를 세우는 것을 목표로 삼았다. 오늘날 유럽의회에 속한 나라는 47개국이며 부분적으로 비유럽 국가도 속해 있다.

중에 부당함이나 잘못된 행위를 발견하면 구체적으로 시정
을 제안한다. 예를 들어서, 독일은 외국인 혐오주의에서 발
생한 사건으로 인해 유럽인종차별위원회로부터 외국인을
담당하는 일의 지원을 더 늘리고 학교에서 다문화에 관한
주제를 더 많이 다루라는 충고를 들었다.

아이들의 특권은
무엇일까?

"이거 먹어!" "그만둬!" "가서 공부해!" 어른들은 귀찮을 때가 많다. 하지만 아무도 어린이를 돌보지 않는다면 이것은 더욱 안 좋다. 아이를 존엄성을 가지고 보살피고, 보호하고, 교육하는 일은 이들이 살아가는 처음 순간에 가장 중요한 도움이다.

그래서 아이들을 위한 유엔 협약이 따로 정해져 있다. '어린이의 권리를 위한 협약'에는 어린이가 인간으로서 존엄한 삶을 사는 데 필요한 것을 좀 더 상세하게 명시했다. 196개의 유엔 회원국은 어린이의 권리를 실천하고 보장할 의무를 지녔다. 회원국은 아이들이 '행복과 사랑, 이해심에 둘러싸여' 성장하려면 무엇이 필요한지를 적었다. 어린이는 어른보다 약하기 때문에 특별한 보호가 필요하다. 또한 누구도 어린이에게 폭력을 행사하거나 성적으로 학대해서도 안 되며 어린이를 이용해서도 안 된다. 공부하고 노는 데 시간을 보낼 수 있도록 놔두는 것도 어린이의 권리에 해당한다. 협약에서는 어린이를 '18세 이하의 아직 자라고 있는 모든 사람'이라고 정의한다. 단, 국가가 '자신'의 아이들은 법에 훨씬 이전부터 어른이라고 명시한 경우는 제외한다.

국가는 무엇인가를 계획하고 행동할 때 항상 어린이의

2014년 어린이 권리 협약의 내용이 확장됐다. 권리를 침해당하고 국가로부터 도움을 받지 못하는 아동은 제네바에 소재한 유엔아동 권리위원회에 불만을 직접 제기할 수 있다.

권리를 고려할 의무가 있다. 예를 들어, 새로운 도시를 세울 때는 학교나 유치원을 함께 세우는 것을 잊어서는 안 된다. 아이들이 많이 오가는 도로에는 보행자 신호등을 반드시 세워야 한다. 국가는 누군가 아이에게 주먹을 휘두르거나 이용하거나 필요 이상으로 너무 가깝게 접근하지 않는지 주의해서 살펴야 한다. 이런 일이 하나라도 발생하면 어린이는 아동 보호 긴급 전화 혹은 상담소나 아동 범죄 예방을 담당하는 곳에 도움과 보호를 요청할 수 있다. 위급한 경우 국가는 아이를 부모와 분리해서 보호해야 할 때도 있다. 이로 말미암아 아이가 보육원에 맡겨졌을 때 엄마나 아빠와 왕래하는 것 자체를 막아서는 안 된다. 모든 아이는 이름과 국적을 지닐 권리가 있다. 부모와 떨어져 다른 나라에 사는 아이는 가족이 있는 곳에 오가도 좋다는 허가를 받아야만 한다.

아이는 어른과 마찬가지로 자신의 의사를 표현할 수 있으며 종교에 대한 권리를 갖는다. 정보를 얻을 권리도 있다. 아무도 아이들이 (TV를) 보고, (라디오를) 듣고 혹은 자기들에게 중요한 것의 소식(인터넷)을 접할 수 있는 일을 막아서는 안 된다. 그 외에도 협약에는 어린이를 위한 책에 대한 권리도 명시됐다. 국가는 아이가 다른 아이와 만날 수 있도록 해야 한다. 아이들끼리의 비밀은 지켜져야 한다. 아동의 사생활 영역 역시 보호를 받아야 한다. 예를 들어 누구도 아이의 편지를 몰래 읽어서는 안 된다. 아이의 가족이 어떻게 살고 있는지 염탐해서도 안 된다.

아이들은 건강을 위해 특별한 보호를 요구할 수 있다. 이런 권리는 엄마 배 속에서 시작된다. 그래서 이것은 임산부에게도 해당되는 특별한 보호다.

모든 국가는 어린이가 실제로 학교에 가도록 돌봐야만 한다. 특히 정부는 장애가 있는 어린이에게 더욱 힘써야 한다. 아이들은 방학을 가질 권리도 있다. 가족 모두가 나서서 벌어야 생계를 겨우 유지할 수 있는 집이 많으므로 아동 노동을 완전히 금지할 수는 없다. 하지만 모든 국가는 노동의 최소 나이를 정하고 1명의 아이라도 착취를 당하지 않도록 감시할 의무가 있다.

어린이를 매매해서도 안 된다. 어린이 인권협정은 아동 포르노그래피와 매춘을 금지한다. 마찬가지로 어린이 인권협정은 15세 이하의 아동을 전쟁에 끌어들이는 일도 금지하며, 난민 어린이가 이들이 도망 온 나라에 사는 어린이가 누리는 권리를 동일하게 받을 것을 보장한다.

5장

민주주의의 도구

형편없는 민주주의보다
인자한 통치자가 낫다?

옛날 옛적에 왕이 살았습니다. 왕은 아버지가 아들에게 하는 것처럼 신하들을 잘 돌봤습니다. 싸움이 나면 화해를 시키고 배고픈 사람에게는 먹을 것을 주었습니다. 사람들은 왕을 사랑하고 자신을 돌볼 필요도 없었습니다.

'……왕이 아직도 살아 있다면 그는 백성들과 함께 천국에서 행복하게 살고 있을 것입니다.' 동화는 항상 마무리가 좋다. 하지만 과연 어떤 동화가 사실일까? 지상의 천국이 정말로 참을만한 곳인지는 아무도 모를 일이다…….

아직은 자비로운 통치자의 손에 자기의 운명을 완전히 맡기는 민중은 자신을 큰 위험에 빠트리는 셈이다. 왕의 후임자로 오는 자손이 혹시라도 폭군이면 어떡할까? 하지만 더욱 더 힘든 문제는 그런 통치자에게 의존하는 삶이 인간의 본질과 어울리지 않다는 사실이다. 사람의 본질이 철학자의 깨달음에 따라 좌우되는 것이 아님을 아직 기억할지도 모르겠다. 우리의 본질은 자유와 평등한 권리, 독립성, 본인의 인격과 개인 행복의 발전(56쪽 참조)을 추구하려는 노력으로 이루어진다. 하지만 여기에는 자신의 운명을 자신의 손에 맡기려는 충동도 속한다. 그래서 국가는 모든 사람과 연결되며 우리는 모두 국가를 형성하는 데 참여해야 한다. 이런 깨달음으로 향하는 길은 고대에서 시작해 인권 선언문으로 연결됐다.

자유와 평등에 대한 권리인 '최초의' 인권을 발견한 후에 그리스가 민주주의 국가 형태를 대충 '발견'한 것은 아니다. 민주주의 국가 형태는 모든 사람에게 공동체를 함께 만들어 갈 동등한 기회를 준다. 인권은 민주주의의 '부모'와 같고, 민주주의는 다시금 인권의 '요람'이라고 볼 수 있다.

하지만 민주주의를 내세운 모든 국가가 이로써 민주주의적 행동의 보증인이 된 것은 아니다. 그 나라가 진정한 민주주의 국가인지의 여부는 모든 사람이 민주주의적 규칙을 얼마나 잘 지키는지에 달렸다. 민주주의 사회에서도 시민들이 얼마나 진지한 태도로 인권을 받아들이고 이를 실천하기 위해 얼마나 큰 노력을 쏟아붓는지에 따라 인권의 지위가 달려 있다.

인권은 깨어 있는 의식을 필요로 한다!

인권에 대한 자각에는 개인이 국민으로서 지닌 권리와 의무를 인지하는 것도 해당한다. 이때 가장 중요한 것 중 하나가 선거권이다(115쪽 참조). 기권하는 사람은 아무 까닭 없이 자신의 성년 됨을 포기하는 것이며 이로 말미암아 불만을 토로할 권리를 잃는다. 그다음에 중요한 것은 선거로 뽑힌 사람이 해당 공동체의 발전을 위해 일을 잘하고 있는지 감시하고 이들이 제대로 일하지 않으면 다음번 선거에서 다시 뽑지 않는 일이다. 민주주의는 인권을 실천하는 데 가장 적합한 최상의 도구를 구비한 국가 형태다.

모든 인간은 평등하다. 따라서 민주주의에서는 모두가 똑같이 말할 수 있다. 하지만 국가가 각각의 사람에게 매번 무엇을 원하는지 물어보는 것은 불가능하다. 그래서 민주주의 국가의 국민은 임시로 대변인을 뽑는다.

선거에 나설 후보자는 선거가 시작하기 전에 자신이 무엇을 위해 일할 것인지를 말하고 사람들에게 어떤 근심거리가 있는지 관심을 기울여야 한다. 더 많은 도로를 건설하기를 원하는 사람이 있는가 하면 기차를 더 선호하는 사람도 있다. 한 가족이 필요로 하는 모든 비용을 국가가 부담하기를 원하는 사람도 있을 테고, 아이를 얻은 행복으로 이미 모든 것이 충족됐다고 말하는 사람도 있을 수 있다. 군인이 불필요하다고 여기는 집단도 있으며, 국가가 될 수 있는 대로 규모가 큰 군대를 준비해야 한다고 압력을 가하는 집단도 있다. 민주주의의 바탕은 국가가 국민의 대다수가 이성적이라고 여기고 원하는 것을 실천하는 데 둔다. 하지만 동시에 인권은 국가에게 대다수가 소수 집단의 정당한 관심을 고려할 의무를 부여한다.

　민주주의가 얼마나 생동적으로 국민에 가깝게, 그리고

의미와 목적에 맞게 작용하는지는 얼마나 많은 국민이 자신의 국가에 관심을 갖고, 자발적인 자세로 참여하고, 자신이 무엇을 원하는지를 말하는 것에 따라 좌우된다. 정당은 이런 과정에 협조를 할 수 있다. 독일의 헌법을 보면 정당은 국민의 의사 형성에 기여한다. 정당에는 좋은 생각을 제시하고 이에 대한 국민의 관심을 끌어들이고자 하는 사람들이 모인다. 이와 함께 정당은 자신의 프로그램을 만든다. 성인이 된 모든 국민은 정기적 주기로 실시되는 의회 선거에서 어떤 정당이 가장 마음에 들고 이들이 제시하는 프로그램이 실행 가능한지 심사숙고한 뒤에 투표한다. 각 정당은 자신이 내세운 선거 공약을 의회로 가져갈 적절한 후보자를 제시한다. 연방의회에서 위원들은 이것을 입법의 형태라는 틀에 붓는다.

독일 의회는 독일 연방의회(Deutsche Bundstag)라고 부른다. 독일 의회는 4년마다 선거를 한다. 독일의 연방 주에는 다시금 주 의회(Landtag)라고 부르는 독자적 의회가 있다.

국민의 대표인 의회에는 선출된 국민의 대변인이 각 정당에 따라 교섭 단체를 이루어 협력한다. 가장 큰 교섭 단체가 전체 의견 수의 절반 이상을 얻어서 이것으로 의원을 획득하면 정부를 구성한다. 50퍼센트 이상의 표를 얻은 교섭 단체가 나오지 않을 때에는 가장 큰 정당이 하나 혹은 여러 다른 정당과 함께 연합을 이룰 수 있다. 그러면 이런 정당 연합은 정부를 세우기 위해 상호 협력해야만 한다. 그 외의 나머지 정당은 야당을 구성한다. 야당을 지지하는 유권자들이 여전히 많으므로 야당은 중요한 역할을 한다. 나머지 유권자의 관심을 무시해서는 안 되기 때문이다. 야당은 정부의 여당과 동등한 권리를 갖고 법을 결정하며 정부에 경위 설명을 요구하고 감시할 수 있다. 또한 정치적 결정을 위해 직접 제안을 해야 한다. 야당은 정치의 방향을 결정하고 법률을 제안한다. 다른 정당의 의원도 마찬가지로 법률을 제안할 수 있다.

끝으로 의회 전체가 법률을 정한다.

입법부는 법을 지정하는 권력이다. 법이 통과되면 정부는 국가 행정의 도움을 받아 이를 실행한다. 이로써 정부는 집행하는 기관인 행정부가 된다. 마지막으로 여기에 세 번째 기관이 오는데, 바로 권리를 말하는 권력인 사법부다. 이것은 시민이 자신의 권리를 청구하거나 부당함에 대항해서 자신을 지킬 수 있는 법원을 의미한다. 권력의 분립은 민주주의 국가의 가장 중요한 기초다.

인권의 어떤 점이
민주주의를 속박할까?

민주주의는 국가에서 다수의 의사를 실행해야 한다. 하지만 다수가 원하는 일이 다른 사람의 존엄성을 해칠 경우에는 어떻게 해야 할까? 이런 일이 발생하지 않도록 인권은 민주주의도 역시 속박해야 한다.

민주주의는 인간 존엄성에서 나온 아이다. 그리고 더 이상 적인 다른 형태가 등장하지 않는 한 민주주의는 여전히 가장 적절한 국가 형태로 여겨진다. 자유롭고, 전체적이며, 선거에 대한 평등한 권리는 모두에게 똑같이 발언할 권리가 있다는 사실을 증명한다. 하지만 인권은 국민의 의사가 다른 사람의 권리를 위배할 때에는 마찬가지로 이를 제한시킨다. 대부분의 민주주의 국가는 헌법에 어느 누구도, 또 아무리 대다수라고 해도 기본권과 인권을 바꾸거나 없앨 수 없음을 처음 부분에서 언급한다. 독일 헌법에서도 이런 기본권에 관한 19개 조항의 첫 번째인 '인간의 존엄성은 불가침하다. 이를 존중하고 보호하는 것은 모든 국가 권력의 책무다'는 다른 모든 조항보다 더 중요하다. 헌법과 국가, 그리고 국가가 통과시킨 법은 이런 첫 번째 조항을 위해 존재한다. 예컨대, 독일에서 사형제 폐지는 이런 기본법에 해당되

대한민국 헌법 10조
모든 국민은
인간으로서의 존엄과
가치를 가지며,
행복을 추구할
권리를 가진다.
국가는 개인이 가지는
불가침의 기본적
인권을 확인하고
이를 보장할
의무를 진다.

지 않는다. 그럼에도 독일은 사형제의 재도입 금지라는 유엔의 한 조약에 서명함으로써 사형제 부활을 금지했다. 그래서 너무나 끔찍한 범죄가 일어난 뒤에 아무리 사형제를 되살리라고 외쳐도 되돌릴 수 없다. 몇몇 민주주의 국가에서는(163쪽 참조) 여전히 사형제가 존재하지만 점점 더 많은 나라가 끔찍한 범죄자라도 생명에 관한 권리를 잃어서는 안 된다는 견해를 따르는 추세다.

인권을 항상 적용할 수 있을까?

예컨대, 전쟁이나 다른 자연재해 혹은 국가를 상대로 한 싸움에서 인권이 오용됨으로 국민이 심한 어려움에 처했을 때에 한해 국가는 임시로 인권을 중지할 수 있다.

하지만 이런 일은 예외적인 경우에만 허용되며 유엔이 나서서 이를 조사한다. 이 외에도 국가는 이런 경우에 아무도 차별해서는 안 된다. 사람들은 그들의 인종 소속이나 피부색, 성별, 언어 혹은 사회적 출신 때문에 불이익을 당해서는 안 된다. 어려움 속에서도 모든 인간은 동등하다. 전쟁이 일어나면 여기에 가담한 국가는 인도주의적 국제법인 제네바 협정에 기댈 수 있다. 제네바 협정은 전쟁을 하는 국가에 민간인을 보호해야만 한다는 의무를 지우며 어린이와 여성, 부상자와 전쟁 포로, 난민과 전쟁 지역에서 보도하는 종군 기자를 특별히 보호해야 한다고 규정한다.

　공식적 비상사태란 '국가의 생명'을 위협하는 모든 상황을 가리킨다. 비상사태의 도화선으로는 내부적 동요, 즉 민중의 봉기와 테러 공격 혹은 자연재해가 원인이 될 수 있다. 유엔의 '시민적, 정치적 권리에 대한 국제 협약'(89쪽 참조)

제4조에 의하면 비상사태를 선포한 국가는 이것을 유엔에 알려야 한다. 유럽 인권조약(104쪽 참조)에 따르면 서명을 한 국가가 추가적으로 유럽의회에서 비상사태를 선포한 이유를 설명해야 할 의무가 있다. 국가는 시민권을 행사하는 일이 공공의 안전과 질서, 다른 사람의 건강과 권리를 위협하고, 이를 제재함으로써 범죄를 방지할 수 있다면 시민권의 행사를 제한해도 된다.

'훼손할 수 없는' 인권은 무엇일까?

전쟁이 일어나면 국가는 비상사태에 빠진다. 이때 국가는 인간의 생명을 빼앗을 수 없고, 노예로 삼거나 상처를 입혀서도 안 된다. 공정한 재판을 거부하거나 사고, 양심, 종교의 자유를 제한해서도 안 된다.

이런 것을 두고 인권을 '훼손할 수 없다'고 말한다. 국가가 고문으로 범죄를 막을 수 있다 하더라도 고문을 행하는 것은 절대 허용되지 않는다. 고문을 할 것이라고 위협하는 것 자체가 이미 인권을 유린하는 행위다. 이런 이유에서 몇 년 전에 독일의 한 법원이 경찰을 처벌한 일이 있었다. 경찰은 유괴범에게 희생자를 어디에 숨겼는지 말하지 않을 경우 심한 고통을 줄 수 있다고 위협했다. 경찰은 유괴당한 아이의 생명을 구할 마지막 기회가 그 방법 외에는 달리 없을 것이라고 생각했다. 범인은 아이를 숨긴 곳을 밝혔지만 안타깝게도 남자아이는 이미 죽어 있었다. 살인자는 종신형에 처해졌지만 그 후에 그는 유럽인권재판소에서 경찰이 자신을 고문할 것이라고 위협해 불가침한 인권이 침해당했다며 소송을 걸었다. 경찰공무원은 자신은 양심에 맞게 행동했을 뿐이라고 주장했다. 하지만 그의 명예로운 의도는 아무런

2016년 7월 쿠데타가 시도된 이후에 터키는 전반적인 불가침한 인권을 무시하고 있다. 특히 수감자는 고문을 당하고 변호사를 통해 법적 조언을 받을 기회를 금지당했다.

변명이 되지 못했고 결국 처벌을 받았다. 이런 사례를 보면 불가침한 인권은 개개인의 양심보다 훨씬 더 중요하다는 것을 알 수 있다.

양심에서 근거한 것이 아닌 권력을 이유로 불가침한 인권은 지난 수년 동안 민주주의 국가에 의해 침해를 당하는 경우가 증가했다. 인권을 가장 자주 위배하는 나라로는 인권의 '어머니 나라'라고 불리는 미국과 그의 동맹국이 손꼽힌다. 미국과 동맹국은 테러리즘에 전쟁을 선포한 이후로 테러 혐의자를 고문하고 강제로 연행했다.

민주주의가 발전하려면
어떻게 해야 할까?

'조용함은 시민의 의무다!' 19세기 프로이센의 종국이 내세운 슬로건이었다. 하지만 시민의 조용함은 민주주의와 인권에서는 독약이다. 사람들의 활발한 움직임을 통해 민주주의와 인권은 생명을 이어간다.

국가가 국민에게 더 많은 자유를 보장할수록 민주주의 국가는 훨씬 더 좋다. 하지만 국민이 자신의 권리를 더 많이 이용하고 자기에게 주어진 민주주의자의 역할을 더 많이 하는 것도 역시 중요하다. 국가는 사람들을 위해 존재해야 한다. 사람들이 국가에게 일을 시키거나 더 나아가 국가에게 대접을 받으려 하는 것과는 다른 의미다. 우리가 공동체를 위해 더 많은 일을 하면 할수록 우리는 품고 있는 이상을 그 안에서 더 많이 실현시킬 수 있다. 민주주의의 척도 중 하나는 사람들이 얼마나 이를 위해 책임감을 느끼는지다. 여기에는 자기 자신이 직접 대신할 수 없는 다른 이익에 얼마나 많이 참여하는지도 속한다. 인권을 존중한다는 것은 다른 사람을 고려하는 것을 의미한다. 민주주의는 가능한 많은 사람이 자신의 권리를 찾고 동시에 의무를 행할 때 힘이 세다(190쪽 참조).

민주주의는 사람들과 함께 앞으로 발전한다. 국가는 사람들의 새로운 관점과 요구사항(예컨대, 아빠들에게 육아 휴직을 제공)과 계발의 기회와 위험성에 대해 새로운 법을 제정하는 것 등으로 반응한다. 따라서 시민의 첫 번째 의무는 참견하고, 참여하는 일이다. 이것은 엘리너 루스벨트가 정리했듯이(38쪽 참조) 우리의 인권이 시작하는 곳에서 누구나 할 수 있고, 또 반드시 해야만 한다. '아주 작은 장소에서, 자신이 사는 집 가까이에서, 학교에서, 직장에서, 지금 살고 있는 바로 그곳에서.' 그 대신에 어느 다른 곳보다 민주주의에서 가장 큰 자유를 얻게 된다.

6장

상처를 보듬는 손길들

세계의 상처를 치료하는 INGO

유엔에는 (인간의) 권리를 무시하는 나라가 있다. 이런 나라는 유엔이 하는 일을 고되게 한다. 그래서 많은 독자적 인권 감시자의 역할이 더욱 소중하게 여겨지고 있다. INGO도 그런 역할을 맡고 있다.

INGO는 국제비정부 기구(International Non-Governmental Organization)의 줄임말이다.

이들은 세계의 상처를 손으로 보듬고 치유하려고 애쓰며 희생자를 살핀다. INGO에는 우리와 같은 사람들이 일을 하고 우리의 존엄성을 위해 싸우고 있다. 이들의 강점은 현지에 파견되어 있기 때문에 현지인들 곁에 가까이 있다는 점이다. 그 외에도 정치적 강요의 테두리에서 벗어나 있다. INGO의 회원은 종종 자신이 피해자가 될 수 있는 위험에 노출돼 있다. 따라서 비밀리에 임무를 수행할 때가 많고 외부의 조력자로부터 지원을 받으면서 감추어진 부당함을 세상에 알린다. INGO는 정당이나 다른 정부를 염두에 둘 필요가 없다. 이들은 유엔과 다르게 직설적이며 어디에도 얽매이지 않고 행동할 수 있다. 이들이 지켜야 할 첫 번째 계명은 외교가 아니다. 이들은 유엔처럼 한 국가가 민중의 공동체에서 완전히 떨어져 나가는 것을 막으려 노력할 필요도 없다.

이들은 생명을 위협받거나 어떤 다른 부당함을 당한 개인이나 소수 집단 혹은 종족 집단의 안전을 위해 행동을 취한다. 최초의 인권 NGO는 1948년에 설립됐다. 유엔이 추정한 바에 의하면 오늘날 2만 5000개 이상의 NGO 기구가 전 세계적으로 연결망을 이루고 있다. 이런 연결망을 통해 비로소 국가가 사람들에게 어떤 범죄를 가하고 있는지 알게 될 때가 많다.

INGO는 어느 나라의 정부가 굶주린 국민을 위해 지원하기를 거부하는지, 아시아에서 아동 매매가 이루어지는지, 아메리카에서 사람들이 아무도 모르게 납치돼 사라지는지, 아프리카에서 여성의 할례가 제멋대로 이루어지는지, 오스트레일리아에서 국가가 원주민의 권리를 무시하는지, 유럽에서 난민 신청자를 본래 나라로 강압적으로 되돌려 보내는지 혹은 관료들이 이들에 대해 책임감을 느끼지 못하는지 등을 감시한다. 국가가 인도적 차원의 법을 지키지 않는 곳에 INGO가 있다. 이들은 이런 상황에 누구보다 앞서 관심을 보이고 이것을 전 세계에 알린다.

INGO는 곁에 두기 껄끄럽다. 그러다 보니 민주주의 국가조차 가끔은 이들을 방해하려고 시도하기도 한다. 유엔은 최근에 INGO가 쌓은 경험과 지식에 기대는 경우가 많고 이용할 때도 많다. 정부에게서 독립적인 인권 감시단은 회

INGO는 친구와 적에 차이를 두지 않는다. 인도적으로 일하며 오로지 인권만을 중요하게 여긴다.

기후 회의와 같은
주제가 여러 INGO의
공동 관심사가 되면
종종 함께
반대 시위를
열기도 한다.

유할 수 없는 증인이다. 이들의 작전은 작은 침으로 살짝 찌르는 일부터 큰 소리로 외치는 반대 시위까지 다양하다. 이들은 어려움에 처한 사람을 돕고, 쫓기는 사람에게 은신처를 제공하고, 생명을 구한다. 이들은 혼자서 힘든 상황을 헤쳐나가지 못하는 사람을 돕고 두려움에 입을 다문 사람의 말을 대신해 주는 확성기가 된다. 다음 몇 페이지에 걸쳐 여러 INGO에 대해 알아보자.

국제앰네스티가 고문, 구금, 죽음에 대응하는 방법

국제앰네스티는 대학생 2명이 자유의 한계에 부딪치면서 시작됐다. 학생들이 체포되고 수감되자 한 기자가 이들에 대해 보고했다. 이 사건을 계기로 훗날 국제앰네스티가 설립됐고 세계에서 가장 큰 인권 단체로 발전했다.

1966년 영국의 한 기자는 당시 독재 통치가 이루어졌던 포르투갈에서 2명의 남자가 교도소에 갇힌 일에 문제를 제기했다. 이 둘은 단지 자신이 지닌 의사 표현의 자유를 그대로 실행했기 때문에 갇혔다. 수천 명의 신문 구독자가 기자와 뜻을 함께했고 수감된 다른 잊힌 사람들을 위해서도 참여하기 시작했다. 이것을 계기로 국제앰네스티(Amnesty International)가 생겼다. 투옥된 사람을 돕는 단체는 수많은 나라에서 짧은 기간 안에 속속히 활동을 개시했다.

세계에서 가장 성공적인 인권 단체를 지원하는 사람이 오늘날에는 수백만 명에 이른다. 에티오피아의 한 교사가 단지 노동조합에 속했다는 이유로 사라지고, 타이의 여자 변호사가 무보수로 가난한 사람을 도와주었다는 이유로 정신병원에 강제 입원을 당하고, 이란의 한 대학생이 자신의 나라에서 여성이 동등한 권리를 갖는 것을 찬성했다는 죄목으로 잡힌 경우에도 국제앰네스티가 항상 함께한다. 자신의 권리를 비폭력적으로 주장하고 이런 상황에 빠졌을 때 다른 사람을 도와주는 과정에서 자유를 박탈당하거나 생명의 위협을 받는다는 이야기가 들려오면 그곳이 어디고, 언제든 국제앰네스티는 비상 신호를 울린다. 이들이 펼치는 '긴급 조치(Urgent Action)'는 특히 성공적이다. 누군가가 고문이나 살인, 더 나아가 형을 집행할 것이라고 협박당하거나 흔적도 없이 '사라질' 위험이 발생하면 국제앰네스티는 재빨리 액션을 취해달라는 요청을 받는다. 사건이 일어나면 현지 사무소와 런던의 국제앰네스티 본부는 이것을 검토하고 전 세계적으로 국제앰네스티 회원을 동원한다. 그러면 몇 시간 만에 항의서가 팩스, 이메일, 혹은 속달 우편으로 부당한 일을 저지른 국가나 정부의 지도자에게 파도처럼 밀려든다. 12만 5000명에 이르는 국제앰네스티 회원이 85개국에서 긴급 조치 연결망을 구성하고 활약하고 있다.

독일에서만도 1만 명이나 되는 사람이 항의서를
쓸 준비를 하고 있다.

국제앰네스티의 큰 강점은 엄청난 회원 수에 있다. 국제앰네스티의 회원은 매년 300~400번 이상 긴급 조치에 나선다. 이런 조치 후에 풀려난 사람은 대단히 많다. 국제앰네스티의 긴급 조치로 풀려난 수감자들은 3명 중 1명 꼴로 그 후에 수감 조건이 좀 더 인간적으로 개선된 것을 경험했다고 보고했다.

국제앰네스티의 활동이 여기에서 그치는 것은 아니다. 국제앰네스티는 민주주의 국가에서도 감시를 소홀히 하지 않는다. 수감자 구호 단체는 나라별로 수감자와 인권 변호사가 어떤 처우를 받고 있는지를 다룬 평가 보고서를 발표한다. 보고서에는 테러 집단이 정부를 장악한 나라뿐 아니라, 인권을 소홀히 다루는 나라도 빠짐없이 언급된다. 국제앰네스티 독일 지부는 2017년에 독일이 새로운 법을 통과시켜서 난민 신청자의 권리를 제한하고 인종차별적 폭력에 너무 미비하게 대응한다는 이유로 경고를 보냈다. 2016년 한 해만 관찰했을 때에도 난민이 머무는 거처와 1800명의 난민 신청자를 대상으로 거의 1000건에 이르는 크고 작은 공격이 일어났는데, 이로 말미암아 약 300명이 상처를 입었다. 독일은 고문을 일삼는 국가로 사람들을 돌려보내고 미국 비밀 정부 기관이 납치하고 학대하는 데 일조하고 아직까지 해명되지 않는 한 교도소에서 벌어진 수감자의 화형 사건으로 이미 비판의 대상에 올랐다.

1977년 국제 앰네스티는 이들이 펼친 공로로 노벨 평화상을 받았다.

세계 각국에서 발 빠르게
움직이는 휴먼라이츠워치

휴먼라이츠워치는 압박을 가하고 편안하게 놔두지 않는다. 이곳 소속의 감시자와 정보제공자는 70개국 이상의 나라에 지부를 두고 세계에 숨겨져 있는 끔찍한 만행을 많이 알린다.

휴먼라이츠워치는 재단과 개인의 기부로 운영된다. 정부가 보내는 돈은 원칙적으로 거절한다.

국제앰네스티를 제외하고 미국에서 가장 큰 인권 단체인 휴먼라이츠워치(Human Rights Watch)에 소속된 정직원은 190명 정도다. 그중 대다수는 변호사와 언론인이며 수많은 현지 조력자도 있다. 이들은 어디에선가 인권이 유린됐다는 소식을 접하면 활동을 개시하며 사진으로 된 증거와 증인의 보고서 혹은 인터뷰 자료를 수집한다. 그 다음에 그 자료를 전 세계의 대중 매체와 유엔 혹은 해당 국가의 정치가에게 전달한다.

휴먼라이츠워치를 통해 세계는 코소보에서 1999년도에 붕괴된 구유고슬라비아를 두고 벌어진 전쟁에서 일어난 집단 학살의 실상을 접했다. 국제사법재판소(98쪽 참조)는 학살의 증거를 바탕으로 해당 국가를 압박했다. 휴먼라이츠워치는 아동을 전투병으로 전쟁에 참전시키는 일이 금지됐을 때 국제 위원회의 의장을 맡았다. 휴먼라이츠워치는 아프리카의 난민 아동이 스페인의 테네리페섬에 있는 임시 거처에서 감독관에게 학대를 당했다고 울부짖는 소리에 귀를 기울였다. 스페인 정부는 그제야 방책을 세웠다. 휴먼라이츠워치는 아프리카의 시에라리온에서 발발한 전쟁에서 저질러진 만행에 의한 희생자를 세계에 알렸으며, 많은 다른 인권 단체가 지뢰 금지안을 놓고 논쟁을 벌일 때 큰 원동력이 됐다. 1997년에 휴먼라이츠워치의 직원들은 이에 대한 대가로 노벨 평화상을 받는 영광을 누렸다. 휴먼라이츠워치는 기업들이 인권을 위배하는 경우에도 주저 없이 날 선 비판을 한다.

망명 신청자들의 동반자
프로 아쥘

독일 헌법 제16조는 '정치적으로 탄압을 받는 사람은 망명권을 누린다'라고 명시한다. 이것은 불가침한 기본권이자 인권이다. 이때 '누린다'는 단어는 '무엇인가를 즐기는 것과는 전혀 다른 의미를 가진다. 프로 아쥘의 활동을 보면 이 사실을 단번에 알 수 있다.

정치적으로 탄압받는 사람이 망명권을 얻는 일이 점점 더 어려워지는 추세다. 부유한 국가가 갈수록 외국인의 유입을 막고 있기 때문이다. 정치적으로 탄압받는 사람 외에도 점점 더 많은 사람이 고향에서 겪는 비참함을 이기지 못하고 다른 나라로 가기를 원하기 때문에 이미 배가 꽉 찼다고 말한다. 이들이 생존을 위해 싸우고 있는 것은 사실이지만 견해와 성별, 피부색 혹은 종교 때문에 정치적으로 박해를 받는 것은 아니다. 그래서 이런 사람을 받아들이는 국가는 망명을 원하는 모든 사람이 단지 좀 더 '잘' 살려고 하는 것이라고 섣불리 단정해 버린다. 하지만 이렇게 판단을 내리면 사람들은 망명권을 행사하지 못한다. 나라들은 망명 신청자에게 더욱 구체적인 증거를 요구하는데 증거를 제시하는 일은 매우 힘들거나 아예 불가능할 때도 많다. 피난을 온 나라의 낯선 언어를 이해하지 못하고 관청에서 무엇을 원하는지

정확히 모르므로 망명 절차를 매우 힘들어하기도 한다.

프로 아쥘(Pro Asyl)이라는 단체는 이런 위급 상황에서 지원 활동을 한다. 망명 신청자가 관청에 갈 때 동행하거나 법률 상담을 제공하기도 한다. 프로 아쥘은 망명 신청자가 생명을 위협받는데도 국가가 이들을 그냥 추방하려고 할 때 참견한다. 프로 아쥘은 대중매체에 이런 사연을 알리고 반대 집회를 열거나 긴급 상황 시에는 교회 망명을 조직하기도 한다.

교회 망명은 예배당에 보호받는 공간을 제공하는 것이라 효과가 크다. 국가도 강압적으로 침투하지 못하는 교회가 피난처로 쓰이는 것을 존중한다.

다음 세대를 위해 움직이는 유니세프

유니세프는 제2차 세계대전이 끝난 후 아이들에게 우유와 간유구를 보급하는 것에서 시작됐다. 유엔의 어린이 구호 기구인 유니세프는 오늘날 세계에서 가장 큰 어린이 구호 단체로 160개 나라의 어린이를 지원한다.

유니세프는 유엔국제아동구호기금(United Nations International Children's Emergency Fund)의 줄임말이다.

어딘가에 전쟁이 일어나거나 재해가 생기면 가장 처음 달려가는 사람은 대부분 유니세프(UNICEF)의 조력자다. 유니세프의 뒤에는 비정부기구(INGO, 128쪽 참조)가 아니라 유엔이 있다. 즉, 모든 국가의 공동체가 뜻을 같이한다. 이들은 정부에서 독립적인 기구와 비슷하게 일하며 친구와 적에 차이를 두지 않는다. 유니세프의 활동은 셀 수 없이 많은 비국가적 차원의 조력자의 도움과 전 세계 수백만 명에 이르는 사

유니세프의 수익 중 3분의 1 이상은 기부와 카드 판매 수익금에서 나온다.

람의 기부금으로 운영된다. 이런 지원금을 바탕으로 유니세프 직원은 절박한 어려움에 처한 아이를 지원하고, 특히 어린이의 권리를 위해 싸우기도 한다. 어린이는 모든 사회에서 가장 약한 구성원이므로 가난과 폭력으로 누구보다 더 큰 고통을 받는다. 유니세프는 우선적으로 음식과 물, 의료 혜택, 교육, 안전 면에서 삶에 대한 어린이의 권리를 지키기 위해 애쓴다. 그런 목표를 달성하기 위해 우물을 파고, 수도

를 놓는 일을 돕고, 아이들에게 예방 접종을 하고, 가난한 나라에서는 의료 시설을 짓는다. 또한 학교를 세우고 전쟁, 폭력, 도망, 추방, 학대로 아이들이 받은 정신적 고통을 줄이기 위해 노력한다.

유엔 소속 기구의 하나로 유니세프는 빗장을 채운 경계와 닫힌 문을 두드려 가며 도움을 줄 때가 많다. 유니세프는 그 외에 매년 '세계 어린이 상황'에 관해 조사를 진행하고 결과 보고서를 제시한다.

유니세프
독일 지부에서는
8000명 이상이
150개 집단에서
자원봉사자로
활동하는데
독일에 사는 가난하고,
홀대받는 어린이와
난민 어린이도
지원한다.

길 위의 어린이를 생각하는 테레 데 옴므

테레 데 옴므는 독일에서 1년에 한 번, 길거리에서 구두를 닦고, 자동차를 세차하거나 쓰레기를 분류하도록 아이들을 초대한다. 아이들은 다른 곳에 사는 또래 어린이가 날마다 어떻게 사는지를 몸소 체험한다.

세계에서 2억 6000만 어린이는 학교에 다닐 수 없을 정도로 너무 가난하다. 유엔의 추정에 따르면 적어도 이 정도 수에 이르는 아동이 집 없이 길에서 살며 힘든 노동으로 생계를 유지하고 있다. 200만 명의 어린이가 강압에 시달리고 아동학대범에게 유린당한다. 테레 데 옴므(Terre des Hommes)는 아동들이 이런 삶에서 빠져나올 수 있도록 돕는다. 이 단체는 31개국에서 500개 이상의 프로젝트를 진행하고 의료적 지원과 학교, 숙소, 다른 은신처를 마련하고 있다. 테레 데 옴므는 전쟁 발발 지역의 아동과 이전에 소년 전투병으로 임해야 했던 아이를 보살피고 아이들을 길거리에서 데려오고 학대와 착취로부터 지키려고 돕는다. 이들이 하는 업무 중에서 중요한 일 한 가지는 수많은 아이들의 비참함을 널리 알리는 캠페인을 벌이는 것이다. 그중 한 가지는 '길 위의 어린이 날' 행사로 매년 11월 20일에 아이들을 초대한다.

테레 데 옴므란 '인류의 땅'이라는 의미다. 1967년에 독일에서 동일한 이름의 기구가 세워졌는데 당시 베트남에서 전쟁으로 고통받는 아이들을 도울 목적이었다. 최근에 많은 나라가 테레 데 옴므의 파트너로 함께하며 참여 기업도 수 군데에 이른다. 예를 들어, 여행 업체는 테레 데 옴므의 요청에 따라 손님이 아동을 상대로 어떤 범행도 저지르지 않는 호텔하고만 계약하는 것을 의무로 정한다. 테레 데 옴므는 어린이 노동으로 어떤 생산품이 만들어졌는지도 밝히고 있다(196쪽 참조).

1989년 11월 20일에 유엔은 아동 권리 협약(107쪽 참조)를 통과시켰다.

우선은 먹는 것부터 지키는 FIAN

FIAN이 내세우는 슬로건은 '우선은 먹는 것부터(Food first)'다. FIAN이라는 단체는 사람들이 자신이 한 일로 먹고살 수 있도록 돕는다. 예컨대 날마다 먹는 빵을 만들 밀이 밭에서 자랄 수 있도록 활동한다.

FIAN은 'Brot für die Welt (세계를 위한 빵)'와 같은 다른 단체와 함께 협력하며 캠페인을 추진할 때가 많다.

FIAN(Food First Informations – und Aktionsnetzwerk)은 자국민이 기본적인 곡식을 공급받을 수 있도록 커피나 차와 같은 수출 품목에 경작지를 이용하지 못하도록 국가와 싸운다. FIAN은 사람들이 쥐꼬리만큼의 월급을 받거나 회사가 직원들을 보호하지 않는지도 감시한다. FIAN이 구성한 네트워크는 60개국의 소작인과 땅이 없는 사람들, 노동자와 여성을 지원한다. 국가와 경제 기업이 땅을 갈취해서 생존 기반을 잃을 위험에 처하는 경우가 많기 때문이다.

콜롬비아, 우간다, 잠비아, 탄자니아의 '플라워 우먼'을 위해 FIAN은 세계적으로 캠페인을 벌이기도 했다. 위에 언급된 나라에서는 꽃을 수출 품목으로 키우는데, 독성분이 든 비료를 사용한다. 하지만 이곳에서 일하는 여성은 아무런 보호 장치 없이 일해야 할뿐더러 자신과 가족이 먹고살 수도 없을 정도로 낮은 임금을 받는다. FIAN은 캠페인을 통해 상인과 협약을 맺었다. 이로 인해 FIAN을 지원하는 사람은 '깨끗한' 꽃만 취급할 의무를 지게 됐다(196쪽 참조).

　FIAN은 또한 식료품 기업이 소비자에게 싼값에 공급하려고 곡식 가격을 낮추면 인도네시아나 가나의 쌀 농사꾼에게 어떤 영향이 미치는지를 설명한다. 출하한 물건에 비해 적은 수익을 올린 농부들은 그 돈으로 잘 살지 못하거나 심지어 어떨 때는 아예 삶을 연명하지 못할 정도로 어려움을 겪는다.

원시림과 바다의 유목민을 구하는
위협받는 민중을 위한 협회

우리가 에너지를 필요로 하면 할수록 세계 인구에 미치는 위험이 커진다. 예로, 인도네시아는 팜유 농장 때문에 300개의 민족이 위기에 처해 있다. 남아메리카에서 원시림의 나무가 베일 때마다 이곳 사람들의 뿌리마저 흔들린다. 이들을 보살피는 비정부기구가 있다.

인도의 아디바시, 스칸디나비아의 사미, 뉴질랜드의 마오리 혹은 태국 바다의 유목민. 우리는 위협받는 민중을 위한 협회(Gesellschaft für bedrohte Völker, GfbV)를 통해서야 비로소 이런 부족민을 알고 또 이들이 정부와 기업에 의해 위협받는다는 사실을 접한다. 위협받는 민중을 위한 협회는 지구상 약 5000개의 토착민 공동체에 3억 7000만의 원주민이 있을 것이라고 추정한다. 이들이 박해를 당하거나 소유물을 잃으면 민족의 문화 전체와 수백 년 동안 모인 지식도 함께 사라진다. 위협받는 민중을 위한 협회는 아무리 작은 소수 민족이라도 생존에 대한 권리가 있다는 사실을 상기시킨다.

토착민은 한 국가 내에 존재한다. 이들은 자신이 유래한 땅에서 산다. 하지만 그 밖에 다른 것은 가질 자유가 없다.

인도네시아에서는 2000만 헥타르의 원시림이 야자수 농장을 짓기 위해 개간된다고 한다. 야자수 기름이 세계 시장에서 대체 에너지원으로 뜨거운 호응을 받고 있기 때문이다. 하지만 원시림이 없어짐으로써 수백 명의 파푸아족이 보금자리를 잃고 공동체가 파괴됐다. 2004년 동남아시아에서 큰 해일이 일어나 해안이 파괴되고 태국에 사는 수천 명의 삶이 파괴되자 전 세계에서 엄청난 규모의 기부금이 파도처럼 밀려왔다. 하지만 5000명의 '바다의 민족'은 이때 간과됐다. 그래서 위협받는 민중을 위한 협회는 바다에 속한 어부 유목민과 그들의 고유 문명이 사라지지 않도록 지원했다.

침묵에 대항하는
국경 없는 기자회

불법을 일삼는 국가는 자신이 무엇을 하는지 숨기기 좋아한다. 그러면서 눈 하나 깜짝하지 않고 기자를 납치하거나 살인하기도 한다. 국경 없는 기자회는 이에 맞서 싸우고 기자의 생명을 구한다.

국경 없는 기자회와 비슷하게 다른 비정부기구들도 자신의 직업군에 있는 사람과 단체를 이루어 활동을 펼친다. 예로, 국경 없는 의사회나 국경 없는 변호사회 등이 있다.

기자 단체인 국경 없는 기자회는 구금과 고문 혹은 살인 협박을 받는 동료를 위해 활동한다. 이들은 그런 부당한 일에 희생된 기자의 가족을 지원하기도 한다. 국경 없는 기자회가 처음으로 인권 활동을 펼친 것은 1985년 프랑스에서다. 독일의 언론인도 1994년부터 국경 없는 기자회에 합류해서 함께 활동한다. 이전에 뮌헨의 한 기자가 구유고슬라비아의 전쟁에서 저격수에게 총을 맞아 죽는 일이 일어났다. 국경 없는 기자회는 매년 언론의 자유를 억압하는 곳들의 목록을 작성하고 기자들이 어디 지역에서 임무를 수행하다 목숨을 잃었는지 조사한다. 국경 없는 기자회는 이런 범죄에 책임이 있는 의뢰자의 이름도 공개한다. 목록에는 대통령, 수상, 군통수자, 마약 판매상 등이 올라 있다.

국경 없는 기자회는 정부가 언론 보도를 제한하려 시도할 때도 침묵하지 않는다. 예로, 기자들은 2003년 국제법에 저촉되는 이라크 전쟁 때 기자 활동을 하면서 자신들이 어떤 방해를 받았는지를 설명했다. 당시 미국의 군대는 누가 어디에서 보도를 해도 좋을지를 결정했다. 지시를 따르지 않는 사람은 기자 활동을 아예 하지 못했다. 기자들은 민주주의 국가에서도 제한을 받을 때가 있다. 2016년에 전 세계적으로 348명의 기자가 수감됐는데 그중 100명이 터키의 교도소에 있었다. 터키 정부가 이들을 국가의 적이라고 단정했기 때문이다.

정부와 의회를 감시하는
인권 포럼

독일은 외국인 혐오 사상을 없애기 위해 충분히 일하고 있을까? 모든 어린이가 과연 평등한 교육의 기회를 얻을까? 독일 정부는 지구 다른 곳에 사는 사람들이 인권을 보호받을 수 있도록 유엔과 유럽연합에 입김을 불고 있을까?

독일 연방정부와 연방의회는 정기적으로 인권 포럼 단체에 이런 질문에 대한 답변을 주어야 한다. 독일에는 인권 포럼 (Forum Menschenrechte)에서 국제앰네스티, 테레 데 옴므, 미제레오(Misereor, 독일 가톨릭교회의 구호 단체 – 역주), 위협받는 민중을 위한 협회, 아동 구호 단체인 킨더노트힐페(Kindernothilfe), 프로 아쥘까지 48개의 비정부 단체(NGO)가 함께 협력하고 있다. 이런 모든 단체는 각자의 경험을 교환하고 보충하며 상호 지원할 수 있는 길을 찾는다. 또한 전 세계 여러 지역에서 일어나는 인권에 저촉되는 행위가 어떻게 연관되는지를 보여 준다. 하지만 인권 포럼은 무엇보다 독일의 연방정부와 연방의회가 인권 보호를 위해 충분히 일하고 있는지 주시한다. 예컨대, 이 단체는 가난한 가정 출신의 독일 어린이와 외국인 어린이가 학교에서 불이익을 당하고 있다며 독일 정부를 비난했다. 또한 독일은 망명 신청자에 대한 심사

절차가 너무 까다롭고 난민을 성급히 추방하거나 권리를 경시한다는 비판도 들어야 했다.

인권 포럼은 외국인 혐오주의가 증가하고 인종차별주의가 새롭게 떠오르는 현상에 대해서도 경고한다. 인권 포럼은 여러 활동 단체에서 내리는 정치적·경제적 결정 사안을 분석하고 관찰하며 독일 인권 정책에 영향력을 행사한다. 인권 포럼은 독일 NGO로 구성된 네트워크다.

인권 수호를 위해
목숨을 건 인물들

전 세계에서 사람을 상대로 일어나는 범죄를 보고 모른 체하고 침묵할 수 없어서
자신의 목숨을 걸면서 싸우는 사람이 많다. 알려지지 않은 사람도 무수히 많으며
다른 사람의 본보기가 되는 사람도 있다.

인권 수호를 위해 묵묵히 활동하며 영향력을 행사하는 사람
도 많지만 동시에 세상을 향해 부당한 것을 큰소리로 외침
으로써 자신과 가족이 위험에 빠지는 사람도 있다. 큰소리
로 외치든지 혹은 조용히 활동을 펼치든지 하나같이 모두
영웅이다. 인권을 위해 싸운 모범이 될 만한 인물 중에서 몇
몇 유명한 사람을 지금부터 소개한다. 이번 장에서는 3명의
남성 인권운동가를, 다음 장에서는 3명의 여성 인권운동가
를 살펴보겠다.

　마하트마 간디(Mahatma Gandhi)는 비폭력 저항 운동의 상
징이 됐다. 인도 출신인 간디는 남아프리카에서 처음으로
차별을 당하는 일이 어떤 것인지 몸소 체험했다. 인종차별
정책 국가에 살면서 간디는 백인과 기차의 같은 칸에 앉거
나 공원의 벤치에 앉아서도 안 되며, 백인 어린이가 다니는
학교에 자녀를 보내서도 안 된다는 것을 알았다. 그곳에서

인종차별정책은
다른 말로
풀이하자면
'인종 분리'라고
할 수 있다.

유색인종은 아무런 권리가 없었다. 착취당하고, 무시당하고, 폭력을 당해 부상을 입었다. 그래서 간디는 다른 인도인과 함께 파업을 주도하고 비폭력적인 저항 운동을 펼쳐서 차별 정책에 반대했다. 인도로 돌아간 뒤에는 영국 식민지 지배자의 부당함에 맞서 저항할 것을 인도 국민에게 호소했다. 결국 영국은 식민지를 포기하고 인도는 독립을 이루었다. 그 후에 간디는 힌두교의 비인간적인 카스트 제도에 반대하는 운동을 펼쳤다. 특히 카스트 제도에조차 속하지 못하는 불가촉천민을 위해 열심히 활동했다. 간디가 힌두교도와 무슬림을 화해시키려 시도하자 열성 힌두교도 1명이 간디를 총으로 쏴서 살해했다.

간디는 미국 마틴 루서 킹(Martin Luther King)의 본보기가 됐다. 흑인 목사였던 킹은 미국에서 인종차별에 맞서는 운동의 선봉자가 됐다. 킹은 위협을 받고, 추적을 당하고, 감금됐다. 1963년 그는 25만 명을 워싱턴 백악관으로 이끌고 가서 흑인 문제 해결을 위해 당시 대통령이었던 존 F. 케네디(John F. Kennedy)를 자기편으로 얻었다. 그곳에서 킹은 유명한 연설을 했다. "나에게는 노예의 후손들과 노예 소유주의 후손들이 형제애의 식탁에 함께 둘러앉는 날이 오리라는 꿈이 있습니다." 5년 뒤에 마틴 루서 킹은 한 백인이 쏜 총에 맞아 숨졌다.

넬슨 만델라(Nelson Mandela)는 남아프리카에 있던 인종분리제도를 종식시켰다. 만델라는 흑인들에게 인종차별주의에 비폭력 저항 운동을 벌일 것을 촉구했다는 이유로 교도소에서 27년을 보내야 했다. 감방에 있는 동안 1년에 겨우 두 차례에 한해 부인과 아이와의 면담을 각각 30분 동안 허용받았다. 그 후 전 세계가 만델라를 석방하라고 요구해 왔다. 1990년에야 세상에서 가장 유명한 수감자의 순교가 끝이 났다. 그로부터 3년 뒤에 만델라는 남아프리카 공화국의 대통령으로 선출됐다. 그는 대통령에 있을 때 또 한 가지 커다란 업적을 남겼다. 바로 진실규명위원회를 발족시키고 가해자와 피해자를 한 테이블에 불러 서로 화해하도록 한 일이다.

마틴 루터 킹과 넬슨 만델라는 인권 운동을 위해 공헌한 업적으로 노벨 평화상을 수상했다.

누가 용감한 이 여성들을 두려워하지 않을까?

파키스탄의 말랄라 유사프자이, 이란의 시린 에바디, 과테말라의 리고베르타 멘추. 3명의 여성은 고문과 감금, 죽음이라는 위협 앞에서도 인권 범죄자에게 맞서 연설을 무기로 사용한다.

"무서워하지 마. 탈레반은 작은 여자아이들은 안 쏜대!" 말랄라 유사프자이(Malala Yousafzai)는 스스로에게 용기를 북돋우며 블로그에 글을 쓰기 시작했다. 그러나 이는 착각이었거나, 아니면 스스로를 격려하기 위해 되뇌인 말이었을 것이다. 말랄라가 하는 일은 생명을 매우 위태롭게 하는 일이었기 때문이다. 당시 열한 살이었던 말랄라는 2008년 파키스탄 스와트 계곡에서의 일상을 블로그를 통해 세상에 알렸다. 그곳은 이슬람주의자인 탈레반이 장악한 곳이었다. 탈레반은 사람들에게 테러를 일삼고 학교를 파괴하고 무엇보다 여성과 어린이들을 위협했다. 그들은 여성이 학교 다니는 것을 엄격하게 금지하고 온몸을 천으로 완전히 감싸고 다니도록 했다. 그래도 말랄라는 이에 굴하지 않고 꿋꿋하게 학교에 갔고 머리카락을 스카프로 가리지도 않았다.

2012년 파키스탄 군대가 탈레반을 무력화했다.

그런데도 10월 9일 복면을 쓴 2명의 군인이 당시 열다섯 살이 된 말랄라가 타고 있던 학교 통학버스에 뛰어 올랐다. 2명의 남자 가운데 1명이 말랄라를 알아보고 총을 꺼내 바로 앞에서 머리를 향해 총을 쏘았다. 말랄라는 파키스탄에서 첫 수술을 받고 기적처럼 살아나서 영국으로 갔다. 말랄라는 그곳에서 부모와 남자 형제들과 살고 있다. 그녀는 2013년 뉴욕의 유엔에서 연설하면서 모든 어린이가 학교에 갈 권리를 갖도록 해야 한다고 요청했다. "어린이, 교사, 책, 연필이 세상을 바꿀 수 있기 때문입니다." 말랄라의 가장 큰 꿈은 고향으로 돌아가는 것이다.

다른 노벨 평화상 수상자인 시린 에바디(Shirin Ebdi)는 망명 생활을 하고 있다. 1947년 이란에서 태어난 에다비는 1975년에 테헤란의 최초 여성 판사가 됐다. 하지만 얼마 지나지 않아 극단적 종교지도자가 권력에 올랐다. 에바디는 여성에게 더 많은 권리를 주려는 운동을 지원하고 근본주의적 국가의 희생자와 비판적인 기자를 위해 활동했다는 이유로 괴롭힘을 당했다. 판사 사무실이 망가졌고 함께 일하던 여자 동료들은 위협을 당하고 붙잡혀 갔다. 에다비는 2009년에 지인들의 조언을 받아들여 이란을 떠났다. 에다비는 현재 영국과 미국을 오가며 살고 있다.

리고베르타 멘추(Rigoberta Menchú)의 삶은 과테말라 인권 범죄자 항거의 상징이다. 멘추는 과테말라 정부와 대토지 소유자가 토착민의 권리를 무시하고 그들의 땅을 빼앗는 것을 고발하는 책을 써서 세상의 이목을 집중시켰다. 1959년에 마야족으로 태어난 멘추는 저항 운동 속에서 성장했다. 그녀의 아버지는 1980년도 38명의 다른 남자와 함께 스페인 대사관에서 원주민 압박에 반대하는 집회를 열 때 화재로 세상을 떠났다. 오빠는 멘추가 보는 눈앞에서 군인에 의해 불태워졌다. 멘추는 전 세계에 인디오들의 참상을 알리기 위해 힘썼고, 1992년에 노벨 평화상을 받았다.

7장

인간이 짊어진 짐

세계 인권 선언문 70년,
세상은 어디쯤 와 있을까?

유엔, 국제앰네스티, 그리고 기타 관련 단체들은 해마다 인권 현황을 조사하면서 매번 새로운 어두운 면과 부딪친다. 그래도 유엔의 인권 선언문이 약간의 효과를 발휘한다고 말할 수 있다.

70년 전에 유엔의 세계 인권 선언문이 나오지 않았다면 우리의 인권이 얼마나 나쁜 상황에 처했을지 세상 누구도 인지하지 못했을 것이다. 또한 국가가 인간의 존엄성을 함부로 다루면서 이것을 은폐하려고 얼마나 애쓰는지에 대해 아무도 관심을 두지 않았을 것이다. 세계 인권 선언문은 부당함에 대한 우리의 눈초리를 날카롭게 만들었다. 인권 선언문이 없다면 유엔의 인권 감시자나 고등판무관 및 사법재판소도 존재하지 않을 것이다. 아무도 가해자를 질책하지 않고, 하물며 책임도 추궁하지 않을 것이다. 세계 인권 선언문이 없으면 INGO가 하는 힘겨운 일은 더욱더 어려울 것이다. 전 세계적으로 고문과 노예제를 금지하는 일, 동등한 권리를 찾으려는 여권 신장 운동, 사형제 폐지, 유럽인권재판소에 제소할 수 있는 권리 등 모든 것이 유엔의 세계 인권선언문에 기초를 둔다.

2000년 전, 사람이 천부적인 인간의 권리를 인식했던 것과 비교해 보면 지난 70년 동안에 일어난 일이 더 많다. 과거를 뒤돌아보면 이것을 분명하게 알 수 있다. 100년 전만 해도 유럽 사람은 다른 대륙에서 온 사람을 마치 동물원의 동물처럼 '인종 전시회'라는 곳에 세워 구경을 시켰다. 70년 전에 결혼한 여성은 노동 계약서에 직접 서명하지 못하고 남편에게 서명을 받아야만 했다. 할아버지, 할머니가 아이를 매로 때리는 일이 체벌의 관습으로 허용됐다. 하지만 누가 뭐래도 가장 큰 발전은 사람들의 머릿속에서 일어났다. 그 속에서 우리의 권리에 대한 깨달음과 지식이 뿌리를 내렸다.

유엔과 독립 단체들이 매년 인권 현황에 대해 조사한다는 사실은 더욱 중요한 의미를 얻었다.

모든 숫자 뒤에는 괴롭힘에 시달리는 사람의 얼굴이 있다.

이로 인해 멀리 떨어진 곳에서 일어나는 부당함조차 가깝게 느껴진다. 우리나라와 우리가 하는 행동이 다른 곳에 사는 사람의 삶과 안녕에 영향을 미치는지, 그렇다면 어떤 식으로 영향을 주는지에 대해 점점 더 깊이 생각해 볼 필요가 있다(196쪽 참조).

날마다 10만 명이나 되는 사람이 먹을 것을 아예 못 구하

거나 너무 부족해서 굶어 죽는다. 11억 명은 더러운 물을 마시고 살아야만 산다. 또한 22억 인구가 물 문제와 형편없는 위생 상태 때문에 목숨을 잃는다. 이렇게 죽은 사람 가운데 10명 중 9명은 5세 이하의 어린이다. 200만 명의 사람이 매년 인신매매의 희생자와 노예로 전락한다. 1억의 인구가 읽고 쓸 줄을 모르는 문맹이며, 그 가운데 독일에도 400만 명 정도의 문맹이 있다. 다음 장에서 인권을 홀대하는 지역에 대해 알아보자.

돈과 권력을
둘러싼 싸움

국가는 다른 나라가 공격해 왔을 때만 전쟁을 할 수 있다. 유엔의 헌법 서문에는
적어도 이렇게 쓰여 있지만 다른 이유에서 전쟁을 일으키는 많은 나라가 있다.

최근 일어나는 수백 가지 분쟁과 전쟁은 국가가 국가를 상
대로 일어나는 것이 아니라 권력에 눈이 먼 집단끼리 벌이
는 경우가 많다. 이로 말미암아 목숨을 잃는 사람 가운데 3
명 중 2명이 민간인이며, 대부분이 여성과 어린이다. 그리고
이런 내전을 통해 유럽에 있는 무기 판매상도 큰돈을 벌어
들인다.

시리아에는 평화가 찾아올 가능성이 보이지 않는다.
2011년부터 시리아에서는 내전으로 50만 명의 사람이 죽
었으며 인구의 절반이 본국의 다른 지역과 이웃 나라로 피
란을 떠났다. 셀 수 없이 많은 사람이 안전한 나라로 망명
할 가능성을 찾고 있다. 시리아 내전은 사람들이 민주적 권
리를 요구하면서 시위하자 국영 군대가 이들을 향해 총격하
면서 발발했다. 군대가 시민을 향해 독가스를 살포하자 반
대 진영도 무장했다. 그 후로 군인들과 각각 다른 나라에서

하이델베르크 국제
분쟁 연구소
(Heidelberger Institut
für Internationale
Ko nfliktforschung)
같은 기관은 매년
전쟁이 일어나는
횟수를 세고 전쟁의
원인을 연구한다.

지원을 받는 반란군이 서로를 향해 총을 겨누고 있다. 추가로 이슬람 국가(IS)와 같은 이슬람주의자도 테러를 일삼는다. 아프가니스탄과 이라크, 예멘의 내전에서도 역시 이런 집단은 권력을 끌어오기 위해 종교를 이용한다. 예멘에서는 사우디아라비아 공군의 공격으로 갈등이 더욱 심해졌다. 서수단과 콩고, 소말리아와 세네갈과 같은 아프리카의 나라에서는 국민의 목숨을 담보로 권력과 땅, 돈을 쟁취하려는 전쟁이 일어난다. 중남미에서는 군대와 유사한 무리인 준군사조직이 마약 거래를 통해 이익을 챙기려고 전쟁을 벌인다.

여전히 사형제가
존재하는 국가

모든 사람에게는 살 권리가 있음에도 여전히 많은 나라에서 사형 판결이 내려지고 집행된다. 국제앰네스티에 의하면 2016년 조사를 바탕으로 봤을 때 전 세계적으로 57개국에 사형제가 있으며 그 가운데 34개국이 형을 받은 사람을 당분간 집행하지 않았다.

국제앰네스티의 조사에 의하면 감방에서 형 집행일이 다가오는 것을 떨면서 기다리는 수감자의 수는 최소 2만 명에 이른다. 또 2016년에는 23개의 나라에서 1032명이 실제로 사형 집행을 당했다. 이들은 참수형이나 교수형에 처해지거나 돌에 맞아 죽고, 가스나 독극물 주사로, 아니면 전기 의자에서 죽음을 맞았다.

대다수의 사형 집행은 중국에서 실행됐다. 국제앰네스티는 이렇게 죽은 사람이 중국에는 수천 명에 이를 것이라고 우려한다. 중국은 사형 집행에 있어서 전 세계적으로 가장 높은 순위를 차지한다. 얼마나 많은 사람이 죽었는지 정확한 숫자를 알리지 않으며 이것을 국가 기밀로 하고 있다. 중국 다음으로 이란에서 567명이 사형 집행을 당했는데, 그 가운데에는 어린이가 2명이나 포함됐다. 사우디아라비아가 154명, 이라크가 88명, 파키스탄이 87명의 수감자를 사형시

사는 것은 인권이다. 재판관도 잘못 판단할 수 있는데 죽으면 모든 게 끝난다. 그래서 유엔은 전 세계에서 사형제를 없애려고 노력한다.

1977년부터 미국에서는 사형 선고를 받은 범죄자 중에서 160명이 나중에 무죄로 판명되는 일이 있었다.

컸다. 2016년에 사형 판결을 받은 사람은 3117명으로 이전 해보다 2000건이 많았다.

　살인자와 같이 중범죄자만 사형 판결을 받은 것이 아니다. 싱가포르는 마약 사범에게 사형을 내린다고 위협하고, 사우디아라비아는 동성연애자에게, 아랍 에미리트는 환경 사범에게 사형을 선고한다. 이란과 파키스탄에서는 심지어 18세 이하의 아동에게 사형을 판결한다.

대한민국은 사형제를 유지하지만 1997년 이후 사형을 집행하지 않아 실질적 사형 폐지국 으로 분류된다.　104개국이 사형제를 폐지했는데, 독일은 1949년에 헌법 으로 사형제를 없앴다. 유럽은 유럽 연합에 속한 나라뿐 아니라 유럽 연합과 경계를 맞대고 있는 나라에서도 사형을 금지한(백러시아 제외) 대륙이다. 하지만 이것은 임의로 바뀔 수 있다. 터키는 사형제 부활을 검토 중이다. 터키가 정말로 사형제를 다시 실시하면 유럽 연합의 회원이 되려는 노력은 물거품이 된다.

고문할 권리는
어디에도 없다

구타, 전기 충격, 익사 직전까지 물속에 처박기, 강간, 그리고 폭력을 가할 것이라는 위협. 이 모든 것은 고문이다. 안전한 삶에 대한 긴급 조치적 인권 때문에 고문은 완전히 금지됐다.

이것은 비상사태에 처한 나라조차 사람을 고문해서는 안 된다는 것을 의미한다. 고문은 한 사람을 억누르고 고문을 당할 것이라는 두려움으로 이미 그 사람의 존엄성을 해치기 때문에 유엔은 금지 결정을 내렸다. 유엔은 고문을 모든 형태의 신체적 혹은 정신적 폭력이라고 정의한다. 특정한 말을 듣기 위해 사람들이 국가의 명령으로 다른 사람에게 가하는 강요나 모욕을 주는 행위 혹은 처벌하는 모든 형태가 고문에 해당한다. 고문이라면 독재자와 부당 행위를 저지르는 합법적 국가가 아닌 나라를 생각하지만 민주주의 형태를 갖춘 국가에서조차 고문 금지를 어기는 경우가 점점 더 많이 생긴다.

국제앰네스티는 알제리, 이집트, 이란, 이라크, 요르단, 쿠웨이트, 리비아, 사우디아라비아, 시리아, 튀니지, 예멘과 같이 민주주의와는 거리가 먼 나라를 고문 국가라고 간주한다. 하지만 지난 몇 년 동안 정치적 성향 때문에 껄끄러운 존재로 여겨지는 사람들이 민주주의 국가 내에서, 혹은 그런 국가에 의해 고문과 학대를 당했다. 이집트와 터키, 미국이 그렇다. 미국은 테러와의 전쟁을 선포한 이후로 미군 혹은 비밀 요원의 유치장에 갇혀 있던 수많은 사람을 고문했다. 가장 심한 사례로는 미국이 쿠바에 설치한 관타나모 수용소를 꼽을 수 있다. 이라크의 교도소인 아부 그라이브에서 찍은 끔찍한 사진이 세계에 알려진 경우도 있다. 독일은 동맹국이 강제로 증언을 받아 내려고 사람들을 납치하고 고문한 사실을 알면서도 이에 대해 침묵했다는 것 때문에 비난을 샀다.

어떤 행동이
인종차별일까?

인종차별과 외국인 혐오가 특정 종족이나 소수 집단, 타 종교인 혹은 외국인이 체계적으로 국가에 의한 불이익을 받는 곳에서 비로소 시작되는 것이 아니다. 사람들은 일상에서도 부당한 일을 일삼는다.

하루가 멀다 하고 유대인이나 무슬림 혹은 외국인 혐오주의에서 발생한 공격이나 폭력, 욕설에 대한 뉴스 보도가 나온다. 소위 '계몽된' 유럽에서 정치가들은 부적절하다는 생각은 하지도 않고 생김새가 다른 사람을 멸시하는 인종차별적인 슬로건이나 문구를 앞세워 유권자의 표를 얻으려 하고 외국인에 대한 두려움을 조장하여 사람들을 불안으로 이끈다.

차별이란 다른 사람을 불공평하게 대우하거나 경시하는 것을 말한다.

　독일에서 2016년 한 해만 놓고 봤을 때에도 4만 1000건이 넘는 극우적이거나 인종차별적, 혹은 외국인 혐오주의에 의한 범죄가 경찰에 적발됐는데, 지난 15년 동안 가장 높은 수치다. 발생 사건 가운데 4건 중 1건은 정치적으로 조직된 신나치주의자와 다른 우익 단체가 배후에 있다. 이런 단체는 외국인을 괴롭히고 쓰러질 정도로 폭력을 가하거나 살인을 저지르기도 했다. 같은 공동체에 사는 외국 시민이 단지 다른 나라 출신이라는 이유로, 생김새가 다르다고 혹은 유대교나 무슬림 신도라는 이유로 모욕을 당하고 욕을 들어야 했다. 하지만 사람들이 얼마나 자주, 언제, 그리고 어디서 무시를 당하거나 불이익을 입었는지 알려지지 않은 경우도 상당히 많다. 다시 말해, 아무도 정확한 숫자를 알지 못한다. 이탈리아와 벨기에 혹은 프랑스와 같은 나라에서도 외국인 혐오증과 인종차별 범죄가 증가하고 있다. 동유럽에서 위협과 멸시를 당하는 대상은 주로 집시다. 이곳 사람들은 집시 어린이가 학교에 다니는 것을 종종 방해하기도 한다.

인종차별주의자는 외국인에게 폭력을 가하는 사람만을 가리키지 않는다. 인종차별주의는 자기가 다른 사람들보다 우월하다고 생각하고 외국인에 대해 혹은 이들을 향해 혐오적인 말을 하거나 외모적으로 나타나는 특징을 조롱하는 것에서 이미 시작된다.

누가 현대판 노예로
살고 있을까?

노예 매매 제도가 폐지된 지 이제 거의 200년이 된다. 유엔이 노예로 삼는 일을
금지하고 있음에도 여전히 무기와 마약 매매 외에 인신매매로 큰돈을 쉽게 벌어
들이고 있는 사람이 있다.

아프리카에서는 30유로(약 5만 원)라는 적은 돈만 내고도 아이 1명을 살 수 있다. 그곳에서는 한 해에 20만 명의 어린이가 대규모 농장이나 개인의 집으로 팔려 간다. 유엔의 국제 노동기구 ILO(International Labor Organization)는 오늘날처럼 많은 수의 노예가 있던 적이 없다고 말한다. 전 세계적으로 자유롭지 못하고 구속된 삶을 사는 노예는 2700만 명에 이를 것으로 추정된다. 그중 절반은 어린이고, 대다수가 18세 미만이다. 심지어 '빚 때문에 노예로 전락한 채권 노동자'는 여기에 고려되지 않았다. 특히 남아시아의 국가(예를 들어 인도)에서 많은 사람들이 채석장이나 농업, 비단 재봉 업종 혹은 양탄자 공장에서 일하고 있다. 이들은 병이나 다른 곤경으로 진 빚을 갚기 위해 일해야만 한다. 이런 채권 노예 중 많은 사람은 빚을 청산하기 위해 남은 일생 동안 내내 노역을 해야 한다.

국제노동기구에 의하면 인신매매 업자들은 연간 240만 명을 판 대가로 40억 유로의 수익을 챙긴다. 특히 여성을 매매함으로써 큰돈을 벌어들인다. 이들은 특히 동유럽이나 아시아, 아프리카 혹은 남아메리카의 나라에서 온 여성을 외국에서 일자리를 준다는 헛된 약속으로 유인해서 매춘을 시키는 경우가 많다. 대부분의 고객은 서유럽과 북아메리카, 아시아에 있다. 독일에는 수십만 명의 사람이 불법으로 체류하는데 그중 많은 이들이 추방당할지도 모른다는 두려움에 악덕 고용주에게 저항하지 못하고 노예처럼 살고 있다.

사람이 불법이 될 수는 없다. 사람이 어떤 법을 통해서야 비로소 사람이 되는 것이 아니기 때문이다. 따라서 체류허가권이 없는 사람을 불법이라고 부르는 일은 옳지 않다.

난민에게
빗장 걸어 잠그기

유엔은 박해에 대한 두려움 때문에 고향을 떠나온 사람을 '난민'으로 표현한다. 하지만 점점 더 많은 사람이 폭력과 배고픔 혹은 곤궁 때문에 피난길에 오른다.

유엔의 추정에 따르면 전 세계적으로 약 6560만 명이 고향을 잃고 떠돈다. 하지만 모두가 제네바 난민의 지위에 대한 협약 아래 보호받는 것은 아니다. 난민의 지위에 대한 협약은 단지 '인종·종교·국적, 사회적 특정 집단의 구성원 혹은 정치적 견해로 말미암아 박해받을 수 있다는 두려움'에서 자신을 보호해야만 하는 사람 즉, '정치적으로 박해받는 사람'만을 보호할 것을 보장한다. '단순히' 전쟁을 피해서 나라를 떠난 사람은 망명할 권리가 없다. 그렇지만 종교적 혹은 인종적 갈등으로 수많은 내전이 벌어지는 것이 오늘날의 현실이다. 대부분의, 자세히 말하자면 약 4040만 명의 난민이 자기 나라의 다른 지역에서 좀 더 안전한 거처를 구한다. 이런 '국내 실향민' 역시 보호를 받을 필요가 있다.

마찬가지로 굶어 죽지 않기 위해 혹은 비참함 속에서 더 이상 살아갈 기회가 없어서 자국을 떠나는 사람도 수백만

제네바 난민의 지위에 관한 협약에서 유엔은 1951년에 전쟁과 추방으로 자신의 고향을 잃은 사람을 보호해야 할 의무가 있다고 명시했다.

명에 이른다. 유엔난민기구(United Nations High Commissioner for Refugees)의 발표에 따르면 노동 난민까지 고려하면 1억 7500만 명의 인구가 부득이하게 다른 나라에서 살고 있다. 그래서 유엔난민기구는 '난민'이라는 개념을 계속 넓게 해석하려고 추진한다. 유엔난민기구는 독일과 같이 '부자' 국가가 난민 수용을 거부하면 이기적이고 냉정하다며 비판을 쏟는다. 아시아와 아프리카에 있는 많은 가난한 나라가 선진국보다 더 많은 사람을 받아들이고 있다.

이주 노동자는 생활비를 벌기 위해서 어쩔 수 없이 다른 나라에 살고 있는 순회 노동자를 말한다.

값싼 노동력의 다른 이름, 아동착취

망치로 돌을 캐고, 양탄자를 짜고, 블라우스를 꿰매고, 농장 일을 하고, 광산을 찾고, 무기를 메고 전쟁터로 나간다. 수십만 명의 어린이가 노동자로, 전투병으로 괴롭힘과 학대에 시달린다.

많은 나라에 아이들까지 돈을 벌어야 생계를 겨우 유지할 수 있는 가정이 있다. 유럽에도 많다. 노동으로 아이의 건강과 발달에 해를 주고, 아이가 배우고 노는 데 필요한 시간을 뺏고, 성장하는 아이의 신체와 정서에 상처를 입혀 평생 회복되지 않는 것 모두 착취와 학대라고 할 수 있다.

　지금도 20개 이상의 나라에서 25만 명 이상의 아동이 전투병으로 전쟁터의 사지로 내몰린다. 다른 사람을 죽이거나 스스로 죽음의 위험에 빠졌던 사람은 이런 기억을 머릿속에서 결코 지우지 못한다. 특히 어린이가 생애 첫 시작 단계에서 겪는 이런 끔찍한 일은 더욱 깊숙이 각인된다. 소년과 소녀의 손에 무기를 들리는 일이 엄격히 금지돼 있지만 아프가니스탄이나 미얀마, 나이지리아, 파키스탄 혹은 필리핀과 같은 나라의 반란군이나 군대는 어린이를 소년병으로 징집하여 전쟁터로 내몰고 있다.

아동 전투병은 이들이 속한 군대에서 종종 성적 학대를 당하기도 한다.

유엔의 추정에 의하면 3억 명의 어린이가 노동으로 착취를 당한다. 그런 아이 중 절반이 15세도 채 안 된 나이며 심지어 가장 어린아이는 5세밖에 안 되는 경우도 많다. 이들은 날마다 해가 뜰 때부터 늦은 밤까지 커피, 차, 혹은 다른 작물 농장에서 일하는데 농약과 따갑게 내리쬐는 햇볕에 노출된 경우가 많다. 광산이나 채석장 혹은 건설 현장에서의 작업도 마찬가지로 위험하고 힘에 부친다. 남유럽과 동유럽에서도 아이들이 옷과 신발을 재봉하거나 가장 싼 노동력으로 공장에서 일한다.

배움과 가난의
상관관계

글을 읽고 쓰지 못한다면 의존적인 사람이 되고 만다. 그런데 문맹인 사람의 수가
놀랍게도 1억 명에 달한다. 이들은 문맹이기 때문에 교육에 대한 권리뿐 아니라
자립적인 삶도 허용받지 못한다.

문맹자의 3분의 2 이상이 개발도상국에 살지만 독일에도
400만 명의 성인이 글을 읽고 쓸 줄 모른다. 이런 사실이 부
끄러워서 꼭꼭 잘 숨기기 때문에 일상에서 아무도 알아차리
지 못하는 경우가 많다. 학교에 다니기도 했지만 아무도 이
런 사실을 깨달을 만큼 충분히 주의를 기울이지 않았다.

해마다 독일에서 졸업장을 따지 못하고 도중에 학교를
그만두는 약 8만 명의 청소년의 상황도 이보다 좋지는 않다.
특히 독일은 이미 사회적 혜택을 받지 못하는 아이와 외국
출신의 아동에게 교육의 기회가 부족하게 주어진다는 점에
서 국제적으로 여러 차례 비난을 받았다. 개발도상국에 사
는 약 1억 2000만 명의 어린이는 국가에서 교육의 의무를
내세우지만 교육 기관의 문 근처에도 가지 못한다. 유엔의
추정에 따르면 그런 어린이 가운데 3분의 2가 여자아이이다.
이들은 가족이 너무나 가난해서 일해야 하거나 (140쪽 참조)

부모가 학교에 가는 것을 쓸데없다고 여기기 때문에 아무것도 배우지 못하거나 배워도 좋다는 허락을 받지 못한다. 이것 역시 대부분 소녀에게 해당되는 일이다. 개발도상국에서는 5명 중 1명꼴의 여자아이가 학교에 가더라도 예정보다 이른 시기에 학업을 중단해야 한다. 돈이 없으면 교육을 받지 못하고, 교육을 받지 못하면 적당한 일을 찾을 수 없으며, 일자리가 없으면 돈을 벌지 못한다. 아이가 배움의 길에 발을 들이지 못하도록 가로막는 사람은 가난의 굴레에서 벗어나지 못하게 하는 것에 대해 마땅히 함께 책임을 져야 한다.

세계는 여성의 존엄성을 어떻게 손상시키나?

여성이 신체적으로만 남성에 비해 약한 것은 아니다. 부당함과 폭력에서 여성을 보호하는 일은 적거나 아예 없는 경우도 많다. 권리와 교육, 경제적인 부분에서도 남성보다 얻는 이득이 적다. 이것은 여성을 약한 존재로 만든다.

폭력, 금지, 강제 결혼. 여성의 존엄성이 무시되는 이유는 단지 이런 것 때문만이 아니다. 세계 곳곳에서 여성을 상대로 벌어지는 공격과 성적 폭력은 여성의 삶의 일부가 됐다. 여기서부터 여성의 존엄성은 벌써 하찮은 대우를 받는다. 몇몇 숫자만 자세히 들여다봐도 이런 사실이 금방 드러난다. 독일이나 미국 같은 선진국에서조차 16~85세 여성 가운데 3명 중 1명이 살면서 적어도 한 번은 폭력의 희생자가 된 적이 있다는 결과가 있다. 그중 4명 가운데 1명은 가해자가 심지어 배우자다. 배우자의 폭력에서 여성을 보호할 수 있는 나라는 거의 없다. 대부분의 나라에서 부부 사이에 일어난 일은 사생활로 여기기 때문이다.

최근에는 거의 모든 나라에서 여성의 생식기를 절단하는 할례를 금지하고 있지만 여전히 1억 3000만 명의 소녀가 아기였을 때 할례를 당한다. 전 세계적으로 20~24세 여성 가운데 3분의 1이 아직 미성년인데도 결혼을 했다. 또 임신 기간에 혹은 아기를 낳다가 의사의 도움을 받지 못하고 1분에 1명꼴로 목숨을 잃는다. 매년 90만 명의 희생자 가운데 10명 중 9명이 아시아나 아프리카에 살고 있다. 동남아시아의 나라에서는 태아가 여아일 경우 낙태하고 태어났더라도 영양실조에 걸리거나 제대로 보살핌을 받지 못한다. 딸보다 아들을 더 귀중하게 여기는 경향이 있기 때문이다. 여자아이들이 학교에 가는 것을 허락받지 못하면 여자아이에 대한 부당함은 계속될 것이다. 여성은 종종 직장에서 똑같은 일을 해도 남자 동료보다 적은 보수를 받는다. 여성 매매와 강제 매춘이 여전히 이루어지고 있다는 사실은 앞에서 이미 살펴봤다(169쪽 참조).

누가 진실을
속박하고 죽이나?

언론인을 방해하는 사람은 진실을 밀어내고 정보의 자유에 대한 권리를 손상시
킨다. 인터넷으로 정보의 자유에 한계가 없어졌다. 따라서 이들의 적도 인터넷과
블로그를 예의 주시한다.

언론인들은 전 세계는 물론 민주주의 국가에서도 활동하는
데 점점 더 큰 어려움을 겪고 있다고 토로한다. 많은 기자들
이 미행당하고 도청당하면서 언론의 자유를 침해받는다. 대
중 매체는 잘못을 밝혀내고 권력자를 감시하며 세상에 이런
정보를 알리는 임무를 띤다. 기자들이 도청당하거나 이메일
을 감시당하면 정보 제공자는 움찔하고 겁에 질려 중요한
정보를 원천 봉쇄한다.

독재 국가에서도 블로거는 목숨의 위협을 당한다. 이들
은 인터넷상에서 '걸러지고' 방해와 위협을 당하고 감금된
다. 2016년에 전 세계에서 대중 매체를 위해 일하는 언론인
350명이 철창에 갇혔다. 그중 81명이 블로거다. 시리아와
이집트, 사우디아라비아와 이란도 대중 매체 분야에서 일하
는 사람들을 위협한다. 2016년 부룬디에서는 한 기자가 흔
적도 없이 사라졌는데, 마지막으로 비밀 요원과 함께 있던

국경 없는 기자회는
이미 오래 전부터
언론인 보호를 위해
유엔 특별 시찰단을
설치할 것을
촉구하고 있다.

대중 매체에서의
검열이란 국가가
뉴스를 검토하고
자기의 구미에 맞게
보도를 내보내도록
내용을 바꾸는 것을
의미한다.

사실이 드러났다. 국경 없는 기자회(146쪽 참조)에 따르면 터키에서는 언론인을 상대로 '마녀사냥'이 제대로 일어나기도 했다. 100명 이상의 기자가 죄목도 모른 채 법적 절차를 거치지 못하고 그대로 철창에 갇혔다. 수많은 나라에서도 날마다 뉴스가 제약을 받고 검열된다.

미국에서는 도널드 트럼프 대통령이 직접 나서서 트위터로 언론과 가짜 뉴스를 비난하고, 독일에서는 우익 성향의 정치가들이 폭력 가해자들이 기자들을 공격하라고 부추겼다는 '가짜 뉴스'에 맞섰다. 하지만 이런 행위 역시 언론의 자유를 위협한다.

우리의 권리 때문에
두려운 것이 있을까?

테러리즘과 인권이라는 관점에서 관찰하면 두려움은 나쁜 영향을 끼친다는 점을 알 수 있다. 뉴욕, 마드리드, 런던, 파리, 베를린, 새로운 테러 공격이 일어날 때마다 점점 더 많은 나라가 자유를 제한한다.

많은 나라가 안전을 추구해야 한다며 합법성과 자유에 대한 요구에 반대한다. 맹목적으로 자유를 원하는 데 열성인 사람은 생명과 고문 금지에 대한 인권 앞에서조차 그런 요구를 중단하지 않는다. 몇몇 사건은 소위 안전 수호라는 명목 아래 모든 것이 일어날 수 있다는 사실을 보여 준다. 런던에서 경찰이 한 남자의 머리에 총상을 입혀 살해한 적이 있다. 남자는 브라질 출신의 외국인이었으며 이슬람주의자 폭파범 용의자로 추정한 사람과 같은 건물에 살고 있어서 경찰은 그를 감시 명단에 올려놓고 주시해 왔다.

이슬람주의자는
이슬람 종교를
자신의 목적을 위해
이용하는 부류다.
이들은 폭력을 멀섞고
자신의 종교가
이렇게 하라고
시켰다고 주장한다.

미국에서는 단지 이슬람 국가 출신이라는 이유로 1200명의 미국 시민이 붙잡힌 적이 있다. '테러와의 전쟁'에서 미국은 훼손이 불가능한 고문 금지를 집어 던지고 강압적으로 자백을 강요했다. 스웨덴에서는 소말리아에서 온 이슬람 신자라는 이유로 사람들의 은행 계좌가 차단당했다. 오스트레일리아는 아프가니스칸 출신 망명 신청자들의 고향이 테러리스트의 중앙 제어 본부라고 여겨진다는 이유로 이들을 철창에 가두었다. 러시아는 이슬람교도가 있는 이웃 나라인 체첸에서 군사적 행동을 펼치기 위해 테러리즘에 맞선 전쟁이라는 그럴듯한 핑계를 댔고 중국은 이슬람교의 인권을 위해 싸우는 운동가를 잡아들였다. 독일 인권 연구소(Deutsches Institut für Menschenrechte)는 인권 위배에 대한 다양한 사례를 기록으로 남겼다.

독일 인권 연구소는 독일 의회의 발의로 설립됐다. 이곳은 인권에 대한 교육을 하며 인권의 발전 상황을 연구한다.

단지 외국에서 태어났다거나 '잘못된' 사람들과 아는 사이라서, '의심스러운' 이웃의 옆에 산다는 이유로 경찰에게 위협당하거나 심한 경우 '예방적 차원에서' 죽임당할 수 있다는 두려움에 떨어야 하는 나라에서 어떻게 살 수 있을까? 또 어떻게 살아야 하는 것이 옳은 것일까? 단지 이들의 생김새가 '다르다고' 혹은 종교가 다르기 때문에 국가가 자신을 위험 요소로 간주한다고 생각해야만 할까? 정말 그렇다면 두려움은 더욱 커진다.

국가는 스스로 사람들 사이에 불신을 조장한다.

이미 일어난 일에서 볼 수 있듯이 유럽 연합이 유대인과 그들의 예배당에 대한 공격이 발생한 후에 외국인을 더욱 엄격하게 감시하면서 모든 외국인이 부득이하게 잠재적 위험 요인으로 비치게 된다. 이로 말미암아 외국인 혐오증이 더 자주 발생했으며 이미 혐오증이 증가한 곳에서는 무책임한 정치가의 발언을 통해 더 많이 퍼지는 상황이다.

행여 비밀정보국이 자신의 전화를 도청했거나 '테러리즘'과 같은 '잘못된' 단어를 인터넷에서 찾아봤다며 의심의 대상으로 지목될까 봐 주의해야 한다면 이제 테러뿐만 아니라 국가에 대한 두려움도 생긴다. 교육과 본인의 의사에 대한 권리에 뒤이어 의사소통과 정보에 대한 자유도 소멸한다. 이런 권리를 제한하는 사람은 민주주의의 기본에 도끼를 들이대는 꼴이다.

법원은 민주주의적 통제가 아직은 작용하는 곳에서 인권을 위배하는 안전보장법을 저지하거나 폐지할 수 있다. 예로, 독일에서는 다른 방법을 취하지 않으면 테러리스트가 납치한 비행기가 더욱 큰 다른 재앙을 일으킬 우려가 있을 때 독일군에게 비행기를 쏴도 좋다는 허가를 승인하는 법안을 막았다. 독일 연방헌법재판소는 국가가 다른 사람의 안전을 위해 승객의 생명을 희생시켜서는 안 된다고 판결을 내렸다. 아직 법치 국가로 향하는 길에 있는 나라에서는 이런 통제가 제대로 기능하지 못하며 법이 (더 이상) 아무런 영향을 끼치지 못하는 곳에서는 아예 작동하지 못한다.

"약간의 안전을 취하고자 잠깐 기본적 자유를 포기하는 사람은 둘 다 잃는다." —벤저민 프랭클린 (Benjamin Franklin) 미국 대통령.

모두를 위한
세계

영국이 삶의 수준을 유지하는 데 지구의 절반을 필요로 한다면 인도가 영국의 삶의 수준에 이르기 위해서는 얼마나 많은 지구가 필요할까?

75년 전 마하트마 간디는 이렇게 물었다. 인도의 자유운동가(150쪽 참조)는 당시 영국이라는 식민지 열강을 두고 이런 질문을 던졌다. 오늘날 지구 북반구에 있는 부유한 선진국은 다음과 같은 질문을 스스로 해 봐야 할 것이다. 개발도상국에 사는 대다수의 사람들이 살기 위해 하루하루를 고되게 싸워야 한다. 반면 부유한 선진국(대부분 유럽이나 북아메리카)에 사는 사람들은 그들과 비교할 수 없을 정도로 많은 것을 누리고 있다.

유엔식량농업기구 보도에 의하면 전 세계 농업 생산량은 사실 120억 인구를 배불리 먹일 수 있을 만큼 많다고 한다. 지구에는 현재 75억 명이 살고 있는데 전체 인구 가운데 10명 중 9명은 제삼 세계 국가나 소위 개발도상국에 산다. 아직 경제적으로 성장해 가고 있는 나라를 개발도상국이라고 부른다.

그러나 아무리 큰 발전을 이루더라도 그곳의 사람들이
우리만큼 잘사는 것은 불가능할 것이다.

인류의 나머지 10퍼센트에 속하는 부유한 국가 사람들이
그곳의 자연과 환경을 파괴했기 때문이다. 지구의 자원은
한정됐는데 산업 국가가 이미 대부분의 자원을 써 버렸다.
글로벌화를 비판하는 사람과 환경 단체의 정보에 따르면 해
마다 소모되는 에너지 4분의 3이 산업 국가 때문이고, 해로
운 매연의 80퍼센트가 이런 국가에서 방출된다. 이로 말미
암아 대기가 오염되고, 지구의 온도가 올라가며, 기후에 변
화가 일어난다. 그 결과 아무것도 할 수 없고, 이득이라고는
하나도 얻을 것이 없는 사람들이 피해를 보고 있다.

아프리카 남부와 오스트레일리아의 몇몇 지역은 벌써 물
부족 현상이 심각해져서 완전히 고갈될 위기에 처해 있다.
메마른 경작지는 이런 문제로 인해 완전히 바싹 말라 버릴
수 있다. 북반구의 다국적 기업은 남반구의 지하자원과 원
료를 마구 채굴해서 가져오고 우리는 이것을 소모한다. 가
난한 나라의 권력과 돈을 쥔 엘리트는 국민이 땅을 잃어 가
는 동안 이것으로 돈을 벌어들인다(196쪽 참조). 소말리아와
콩고 혹은 라이베리아와 같은 나라에 사는 사람은 이렇게
자원과 원료가 싼값에 몽땅 팔려 나가는 것을 무기력하게
보고 있을 수밖에 없다. 산업이 급성장하고 있는 중국에서

쓰레기로 더럽혀진
인도 아무나 강

는 강이 마르고 지하수 수위가 내려갔다. 국가가 환경보호를 위해 힘쓰지 않기 때문이다. 인도에서는 세계 최대 규모의 음료수 기업이 토착민의 물을 빼 가고 쓰레기를 강에 버려 물을 오염시켰다.

선진국은 자국의 기업이 이런 일을 저지르는 것을 막지도 못하며 막을 생각도 하지 않는다. 높이 성장한 서구와 북반구의 산업이 여기저기서 벌어들인 유로는 결론적으로 서구인들의 복지를 보장하고 생활 수준을 높인다. 유엔은 글로벌콤팩트세계 협약을 위해 기업체를 끌어들이고 이들이 행동함으로 인류에 기여할 수 있도록 노력한다.

8장

의무 없이는 권리도 없다

의무와 권리는
함께 간다

우리는 학교에 다닐 권리가 있다. 하지만 학교에서 선생님이 시키는 의무를 따라야 할 때만 이런 권리도 유익하다. 주의를 기울이고 공부를 하는 일이 학생이 학교에서 지켜야 할 의무다. 의무를 행하지 않으면 권리도 없다.

인권도 마찬가지다. 그래서 1997년 전직 국가 정상들의 모임인 인터액션 카운슬(InterAction council)은 인간의 의무에 관한 선언문(Declaration of Human Duties and Responsibilities)을 발표했다. 전직 국가 정상들은 이런 '협의체'에서 각자의 지식과 정치적 경험을 펼치고 전수하고자 모였다. 인터액션 카운슬의 회원으로는 독일의 헬무트 슈미트(Helmut Schmidt) 전 총리와 미국의 지미 카터(Jimmy Carter) 전 대통령, 잠비아의 케네스 카운다(Kenneth Kaunda) 전 대통령, 러시아의 미하일 고르바초프(Michail Gorbatshow) 전 서기장, 오스트레일리아의 맬컴 프레이저(Malcolm Fraser) 전 총리와 일본의 미야자와 기이치(Miyayawa Kiichi) 전 총리가 있다.

인간의 의무에 관한 선언문에 들어 있는 19개 조항은 개인이 어떻게 인권을 실천해야만 하는지를 설명한다. 국가뿐 아니라 모두가 권리와 관련된 의무를 행할 시에만 권리를 누릴 수 있기 때문이다. 자유롭고, 안전하고, 온전하게 살면서 자신을 계발하고 싶은 사람은 마찬가지로 다른 사람의 희망 사항을 존중할 때에만 자신의 소원도 실현할 수 있다. 그래서 개인은 각자 이웃 사람이든 세계의 다른 끝에 사는 사람이든 똑같이 동등한 권리를 행사할 수 있도록 개인적으로 무엇인가를 해야만 한다.

제1조항은 "모든 사람은 성별과 인종 출신, 사회적 지위, 정치적 견해, 언어, 연령, 국적 혹은 종교와는 무관하게 모든 사람을 인간적으로 다루어야 할 의무가 있다"라고 명시한다. 계속해서 제3조항은 "모든 사람은 어떤 상황에서도 선을 장려하고, 악을 피할 의무가 있다"라고 말한다. 제4조항에 쓰여 있는 "누군가 네게 하는 것이 싫으면 다른 사람에게도 이것을 하지 말라"라는 글귀는 매우 큰 의미가 있다.

사람으로서 지켜야 할 다른 의무로는 폭력을 저지르지 않기와 정당함, 연대감, 진정함, 관용, 존중을 지니는 것을 꼽는다. 인간의 의무에 관한 선언문에 의하면 생명을 중시하는 것에는 다음과 같은 사항도 속한다. "우리 모두는 공기와 물, 땅을 현재 살고 있는 사람과 미래에 올 세대를 위해 보호할 의무가 있다." 우리는 교육에 관한 인권과 함께 자신의 능력으로 최상의 것을 이룰 수 있도록 근면하게 노력해야 할 의무가 있다. 가난하고, 불이익에 처한 사람을 돕고, 개인이 쌓은 소유와 부로 인해서 다른 사람이 피해자가 되거나 부당함을 당하지 않게 하는 것도 사람이 지켜야 할 의

"세계가 이렇게 된 것은 네 잘못이 아니야, 하지만 계속 이렇다면 그때는 네 책임이지." ─ 디 애어츠테 (Die Ärzte), 〈네 잘못이야〉 기사 중에서

무다. "아무리 직위가 높고 권위가 있는 사람일지라도 거짓 말을 해서는 안 된다"라는 조항도 있다. 하지만 이와 더불어 "완전한 진실을 항상 누구에게나 털어놓을 의무는 없다"라는 조항도 있다.

이런 조항은 사생활을 보장한다.

종교의 자유에 대한 인권은 특히 종교적 지도자에게 혐오나 광신, 종교 전쟁을 부추기거나 인정하지 않게 할 인간의 의무를 지운다. 남성과 여성은 서로를 존중할 의무가 있다. 엄마와 아빠로서 사랑과 보살핌을 제공할 책임이 있는 부모와 아이끼리도 존중해야 한다. 우리가 이를 위해 무엇을 할 수 있는지는 다음 장에서 소개하겠다.

시민의 용기란
무엇인가?

다른 사람의 권리에 대해서 책임감을 느끼는 사람만이 자신의 권리를 누릴 자격이 있다. 그렇다고 아프리카에 사는 배고픈 사람을 찾아갈 필요까지는 없다. 인권 보호는 바로 우리 문 앞에서 시작된다.

인권 보호는 다른 사람의 존엄성이 위기에 처했을 때 '시민의 용기'를 보여 주는 것에서 시작된다. 예컨대 같은 반에 1명 혹은 여러 명이 다른 학생을 괴롭히며 따돌림을 할 때처럼 어떤 사람에게 부당한 일이 일어났을 때 모른 척하지 않고 돕는 것을 의미한다. 그러기 위해서는 용기가 필요하다. 자신이 피해자가 될 위험이 항상 따르기 때문이다. 하지만 다른 사람과 힘을 합치거나 선생님에게 도움을 청할 수도 있다.

시민의 용기란 인권 수호를 위해 대중 앞에서 용기를 내는 것을 의미한다.

이것은 고자질과는 아무 상관도 없다.

오히려 정반대다. 고자질은 우리가 지닌 인간에 대한 의무를 소홀히 하도록 한다. 눈에 띌 정도로 키가 많이 작거나 커서 혹은 뚱뚱하거나 말라서, 외국인 혹은 장애가 있어서, 피부색이 다르거나 다른 종교를 가진 사람에게 부정적인 말로 상처를 주는 행위는 이미 인간의 의무를 어겼다고 말할 수 있다. 진정한 인간의 존엄성은 소위 '사소한' 부당함에 맞서 항의하고 이런 행위를 끝내는 데에서부터 시작된다. 어린아이를 무시하고 이용하거나 학대하면서 자신이 가진 힘을 함부로 휘두르는 어른에게 용기를 내서 항의하는 일은 옳다. 또 우리는 당연히 그렇게 해야만 한다. 선생님이 어떤 이유에서든지 한 학생을 차별하면 이에 대해 항변하는 것은 학생에게 주어진 권리다. 그렇게 하는 일이 힘들면 다른 선생님이나 부모님 혹은 믿을 만한 다른 어른에게 도움을 요청할 수도 있다.

외국인을 혐오하거나 인종차별적 농담을 던지는 사람이 있으면 그 사람의 말을 듣지 않고 신경을 끈다. 아니면 그 사람에게 그만둘 것을 요청한다. 우리가 이런 행동을 하기 시작하면 다른 사람도 뜻을 같이하는 것을 보게 될 것이다. 시민의 용기는 전염성이 있기 때문이다. 이런 행위도 역시 인권을 튼튼하게 만든다.

하지만 이렇게 용기를 내는 행동은 때로 제한을 받는다. 혼자인 곳에서는 자기 자신을 위험에 빠트리기도 한다. 누군가 폭력적으로 행동하고 다른 사람을 때린다고 그 사이에 끼어들어서 자신마저 위험에 처하게 하면 안 된다. 이런 상황에 부딪혔을 때에는 도움을 구하거나 다른 사람을 지원군으로 데려오는 것이 좋다. 때로는 어른이라도 겁이 나서 도망치려고 할 수도 있다. 이럴 때 통하는 좋은 방법이 있다. 특정인을 지정한 뒤에 다가가서 개인적으로 말을 건다. "저기요, 거기 녹색 스웨터 입고 계신 분요. 빨리 와서 좀 도와주세요! 여기 한 사람이 위험해요!"라고 말이다. 이렇게 직접 지목하여 말을 걸면 사람들이 도망치지 못한다는 사실을 경험으로 알 수 있다.

시민의 용기는 배우고 연습할 수 있다. 학교나 청소년 집단, 혹은 학원에서 이런 주제로 한번 토론해 보자.

인권을 고려하는
소비란 무엇일까?

트랜스페어(Transfair), 페어트레이드(Fairtrade), 굿위브(Goodweave), GEPA. 이런 인증에 대해 들어 본 적이 있니? 이런 표시가 달린 생산품은 공정한 노동 조건에서 생산되고 거래된다. 즉, 착취나 이용을 당하는 사람이 없다.

무역회사인 GEPA (Gesellschaft zur Förderung der Partnerschaft mit der dritten Welt)는 제삼 세계와의 동반 관계를 옹호하며 아프리카와 아시아, 라틴아메리카에 있는 120개 소농 조합을 지원한다.

우리가 입고 있는 티셔츠를 봐도 제품을 완성하기 위해 누가 목화를 따고, 천을 짜고, 재단하고, 바느질을 했는지 전혀 알 수 없다. 초콜릿이 어떤 맛인지는 맛을 보면 알 수 있지만 어떤 조건에서 코코아가 재배되는지, 누가 열매를 수확하고, 행여 어린아이가 강압적으로 노동을 했는지의 여부는 알 수 없다. 우리의 발아래 푹신하게 깔린 양탄자를 아이들이 조막만 한 손으로 쥐꼬리만 한 돈을 받으며 짰는지 아니면 베틀의 북을 움직였는지 알 수 없다.

정당하게 생산된 생산품에 공정 인장이 찍힌다.

공정 인장은 인권과 어린이의 권리를 고려한 조건 아래서 제품을 생산했다는 것을 보장한다. 생산을 위해 투입된 노동자는 정당한 임금을 받고 생산 과정에서 유해하고 불필요한 위험에 노출되지 않는다. 농부는 수확물을 가치보다 낮은 가격에 팔 것을 강요받거나 혹은 경작지에 비료나 농약을 뿌리라고 강요받지 않는다. 토착민에게 빼앗은 땅에서 농사를 지어 얻은 수확도 아니다. 굿위브에서 나온 양탄자는 아동 불법 노동으로 짠 것이 아니며 페어트레이드 인증이 찍힌 꽃은 인간의 존엄성에 맞는 조건에서 환경친화적으로 심고, 키우고, 수확됐다. GEPA 제품은 공정한 방식으로 거래된 것을 인증한다.

몇 년 전만 해도 트랜스페어와 같은 상표는 거의 알려지지 않았고, 기껏해야 자연친화 제품을 다루는 가게나 원 월드 숍(Eine Welt Laden)과 같은 상점에서만 찾아볼 수 있었다. 하지만 최근에는 대형 백화점과 온라인 쇼핑에서도 굿위브에서 품질을 인정한 양탄자를 판매하고 있다. 이제는 공정무역 인장이 찍힌 초콜릿과 커피 혹은 코코아와 꽃, 그리고 다른 많은 상품을 슈퍼마켓에서도 만날 수 있다. 이런 생산품의 대다수에는 유기농 인증이 추가로 붙어 있다. 트랜스페어의 배후에는 인권 단체와 노동조합, 환경 모임이 지원하는 공정무역 가족이 있다. 공정 무역 생산품이 일반 상품보다 약간 비싸긴 하지만 좋은 곳에 쓰이기 때문이라고 말할 수 있다. 수익의 일부는 생산지에 사는 어린이를 위한 학교를 세우고, 주민 보건센터 혹은 공동체에 필요한 시설을 세우는 데 쓰인다. 중간 거래상은 단지 소액의 이윤만 가져

간다. 가끔은 비싼 상표의 제품을 사는 데 돈이 아깝지 않을 때도 있다. 이런 것조차 아동의 손으로 혹은 값싼 노동력으로 생산될 때가 있기 때문이다.

공정 거래를 하는 사람이 점점 증가하는 추세다. 독일에서 이런 물건은 지난 10년간 2억에서 약 12억 유로까지 증가했다. 그리고 (아직) 공정 거래를 시작하지 않는 회사도 이미 공급자가 작업장과 공장에서 사회적 최저 수준을 지키고 있는지를 더욱 엄격하게 주시한다고 설명했다. 독일의 다수 도시와 공동체는 상품 구매 시 공정 무역에 주의를 기울이고 아동 노동으로 생산되지 않은 물건만을 사들인다. 많은 스포츠클럽도 인권이 존중되는 조건에서 생산되고 아동이 바느질을 하지 않은 공만을 구입한다. 각자가 속한 스포츠클럽이나 학교에 여기에 동참할 것을 제안하는 것도 좋은 생각이다!

환경보호와
인권의 관계

공정한 구매, 공정한 소비, 조심스럽게 세계를 다루기. 이런 행동으로 인간과 안전한 삶에 대한 권리를 지키는 데 기여할 수 있다. 이미 자연의 개발 과잉으로 사람들이 안전한 삶을 누리기가 어려워지고 있다.

특히 아프리카와 오스트레일리아 같은 지역은 기후 변화로 더욱더 많은 가뭄에 시달리거나 무엇보다 식수가 부족해서 완전히 고갈될 위험에 처해 있다. 지구가 뜨거워지고 기후가 변함으로써 해수면이 상승하고 사람이 사는 섬이 가라앉기도 한다. 원시림이 사라짐으로써 삶의 영역도 같이 없어지면 그곳의 사람들 모두 어려움에 처하고 만다. 이들은 우리처럼 안전하게 잘사는 사람들이 아니다. 원칙적으로 봤을 때 이들도 우리와 마찬가지로 동등한 권리를 가졌는데도 말이다.

하지만 이들은 우리 때문에 초래된 짐을 지고 있다.

우리가 잘사는 것은 가난한 사람들이 짐을 짊어지고 있

는 덕이다. '내가 그렇다고 할 수 있는 일이 있을까? 어른들이 뭔가 해야 하는 거 아니야? 왜 어른들은 자연과 사람이 이제는 어디서나 좀 더 잘 살 수 있기 위한 일을 아무것도 안 하는 거지?'라고 생각할 수도 있다.

한편에서 봤을 때 맞는 말이다. 새롭게 바꾸는 것은 우선적으로 국가의 과제다. 국가는 이를 추진할 권력이 있다. 법으로 산업이 이에 기여하도록 바꾸고, 더 나아가 무역이 우선적으로 환경에 도움이 되게 바꾸고 인권도 고려하도록 할 수도 있다. 그런데 다른 한편으로는 우리 모두가 '국가'다. 더군다나 민주주의 국가에서는 더욱 그렇다! 우리는 정치가에게만 이런 일을 떠맡길 수 없을뿐더러 그래서도 안 된다. 우리 스스로 환경에 좋게, 또 사람에게도 올바르게 행동해야 한다. 특히 '환경이 지속'될 수 있도록 사는 방법은 그리 힘든 일이 아니다.

'부모님 택시' 대신 자전거를 더 자주 타고 학교에 오는 것을 생각해 보자. 자전거 통학으로 절약하는 휘발유는 우리 가계에만 보탬이 되는 것이 아니다. 매일 공기 중으로 뿜어 나오는 매연도 훨씬 줄어들고 많은 양의 석유도 아낄 수 있다. 우리 모두가 물을 아껴 쓰고, 난방을 세게 트는 대신에 따뜻한 스웨터를 하나 더 걸쳐 입고, 일회용 대신에 여러 번 쓸 수 있는 병에 든 음료수를 마시고, 항상 새롭게 출시되는 휴대폰을 구매하지 않고 쓰레기를 덜 남기려고 의식하며 소비하며 산다고 생각해 보자. 우리 모두가 소비자이

"평화와 개발, 환경보호는 서로 의존하며 따로 떼어서 결코 생각할 수 없다." (1992년 리우데자네이루에서 환경과 개발에 관한 유엔 설명)

환경이 지속될 수 있도록 살려고 노력하는 것은 우리가 세계를 위해 세계를 더 이상 '사용'하지 않는 것이 아니라, 인류에게 미래를 주기 위해 세계가 살 수 있도록 보존하는 것을 의미한다.

기 때문에 전체적으로 큰 영향을 끼칠 수 있다. 결국 수요가
공급을 결정하기 마련이다. 우리가 환경을 보호하는 상품을
더 많이 요구할수록 기업은 이런 상품을 더 많이 만들 것이
다. 또 많은 사람이 '유기농' 제품을 찾으면 더 많은 농부가
유기농법으로 농산물을 재배할 것이다. 더 많은 사람이 휘
발유를 아끼려고 하면 자동차 생산업체는 연료를 덜 사용하
는 차를 만들 것이다. 우리는 이런 방법으로 더 나아가 연구
와 기술 분야에도 영향을 주며 지구의 미래를 위해서도 좋
은 일을 할 수 있다.

우리는 언제
우리의 인권에 도달할까?

누구에게나 똑같이 자유롭고 안전한 삶을 누릴 권리가 있다. 듣기에는 쉬운 말이다. 그런데 이런 권리를 실행하는 일이 그토록 어려운 이유는 무엇일까? 계속해서 새로운 과제가 생겨나고 모든 사람이 자신을 우선으로 생각하기 때문이다.

이것도 역시 인간의 본성이다. 하지만 어린아이조차 자기가 잘 지내는 것은 다른 사람이 잘 지내는 것과 떼려야 뗄 수 없으며 다른 사람을 고려하는 것이 자기에게도 유익하다고 배운다. 이 책의 앞부분에 나온 수지와 마르쿠스, 하네스와 아멜리 이야기로 다시 돌아가 보자. 가까운 관계에 있는 사람을 고려하는 일은 비교적 더 쉽다. 하지만 모든 가정과 학급에서, 또 함께 잘 어울리는 사람들 사이에서도 갈등 상황이 끊이지 않고 생기는 것을 봤을 것이다. 갈등을 해결할 의지가 없으면 결국 싸움이 일어난다. 한 나라 안에서뿐 아니라 국가 간에도 이로 말미암아 부당함과 불만족이 싹트고 제일 심한 경우에는 전쟁으로까지 이어진다. 이런 관점에서 민주주의 국가 형태가 성장했다(112쪽 참조). 국가들은 분쟁을 피하려고 훗날 기본 권리가 포함된 헌법을 내놓았다. 인권을 '발견'한 뒤 2000년이 지나서 국가공동체는 마침내 이

2006년 12월 10일
인권의 날 코피 아난
(Kofi Annan)
유엔사무총장은
"우리는 국가의
의무를
짊어질 수 있는
의욕적인 사람이
필요합니다"라고
호소했다.

런 존엄성을 보호하기 위해 모두가 필요하다는 것을 깨달았다. 이렇게 해서 나온 것이 1948년 12월 10일에 공표된 세계 인권 선언문이다.

이로 말미암아 인권으로 향하는 여정의 새로운 단계가 시작됐다. 우리는 아직 끝에 다다르지 않았다. 목표에 이르는 길에는 예전과 마찬가지로 지금도 여전히 많은 장애물이 놓여 있다. 세계가 계속해서 발전하기 때문에 새로운 장애물도 계속해서 추가된다. 세계를 만들어 가는 새로운 가능성이 생길 때마다 여기에 맞추어 인권을 어떻게 고려할 수 있는지를 묻는 과제가 새롭게 생기기 때문이다. 가끔은 보조를 맞추어 가는 일이 힘들 때도 있다. 이런 것을 보면 길을 가고 있는 자체가 이미 목표라는 것을 알 수 있다.

인류가 착수했던 가장 위대한 프로젝트는 화성에 도달하는 일이나 다른 기술적인 면에서의 꿈이 아니라 바로 우리의 인권을 실현시키는 일이었다. 여기에는 인간이 할 수 있는 모든 것을 해도 괜찮은지에 대한 질문도 포함됐다. 의학이나 유전학 기술을 놓고 생각해 보자. 사람이 생명체를 다르게 만들거나 창조하는 일은 인권에 모순되는 일이 아닐까? '어떤 대가를 치르더라도 계속해서 살도록 하는 일'은 생명을 구한 사람이 존엄성을 갖춘 삶을 누릴 수 있게 보장할까? '바이오 가솔린'처럼 새로운 가능성이 우리에게는 기회가 되지만 다른 사람에게는 위험이 되는 것을 어떻게 받아들여야 할까? 재생 가능한 식물에서 뽑아낸 연료는 석유

위기와 온실가스라는 기후 함정에서 벗어날 수 있는 출구가 될 수 있다. 하지만 자동차 한 대의 60리터 탱크를 채우기 위해 필요한 식물의 양은 한 사람이 반년 동안 먹을 수 있는 양에 비례한다. 여전히 배고픔에 시달리는 사람이 많은데 곡식을 이런 용도로 소비하는 일이 과연 옳을까?

글로벌화는 또 이렇게 관찰해야 할까? 지구 전체의 네트워크화로 생긴 일과 정보, 돈의 흐름으로 이득을 보는 사람은 소수에 불과한 반면 이로 말미암아 일자리와 복지를 잃게 될까 봐 두려워하는 사람이 우리 주변에 굉장히 많다. 우리가 여기에서 무엇을 하는지에 따라 글로벌화가 이 두 가지를 공평하게 분배하는 데 도움을 주는 역할을 할 수도 있다. 이미 인권 보호 면에서는 글로벌화가 유익하게 쓰이고 있다. 글로벌화를 통해 세계의 거리가 좁혀졌고, 사람들도 어느 때보다 가장 가까워졌다. 국가와 경제가 무슨 일을 하는지, 어디서 사람들이 권력을 잘못 사용하는지 이제 모든 것이 세상의 눈앞에서 벌어지고 있다. 우리는 어디선가 부당한 일이 일어나면 사람들이 어느 때보다도 많이 이것에 저항하며 목소리를 높이는 일을 본다. 윤리 역시 글로벌화됐다고 말할 수 있다. 이런 길이 바로 목표가 된다. 그리고 우리는 새로운 단계의 출발점에 서 있다.

세계 인권 선언[*]

우리가 인류 · 가족 · 모든 구성원의 타고난 존엄성과, 그들의 평등하고 빼앗길 수 없는 권리를 인정할 때, 자유롭고 정의롭고 평화적인 세상의 토대가 마련될 것이다. 인권을 무시하고 짓밟은 탓에 인류의 양심을 분노하게 한 야만적인 일들이 발생하였다. 따라서 보통 사람들이 바라는 간절한 소망이 있다면 그것은 바로 모든 사람이 말할 자유, 신앙의 자유, 공포로부터의 자유, 그리고 결핍으로부터의 자유를 누릴 수 있는 세상의 등장이라고 우리 모두가 한목소리로 외치게 되었다.

인간이 폭정과 탄압에 맞서 최후의 수단으로써 폭력적 저항에 의존해야 할 지경에까지 몰리지 않으려면 법의 지배를 통해 인권을 보호해야만 한다.

---

[*] 국제앰네스티 한국지부

오늘날 각 나라 사이에서 친선관계의 발전을 도모하는 일이 반드시 필요하게 되었다. 유엔의 모든 인민은 유엔헌장을 통해 기본적 인권에 대한 신념, 인간의 존엄성 및 가치에 대한 신념, 남성과 여성의 평등한 권리에 대한 신념을 재확인했으며, 더욱 폭넓은 자유 속에서 사회 진보 및 더 나은 생활 수준을 촉진시키자고 다짐한 바 있다.

유엔 회원국들은 유엔과 협력하여, 인권과 기본적 자유를 함께 존중하고 준수하며, 그것을 증진하자고 약속하였다.

그런데 이러한 서약을 온전히 실현하려면 인권이 무엇인지 또 자유가 무엇인지에 관해 모든 사람이 공통적으로 이해하는 것이 무엇보다 긴요하다.

따라서 이제 유엔총회는, 사회의 모든 개인과 모든 조직이 이 선언을 언제나 마음속 깊이 간직하면서, 가르침과 배움을 통해 이러한 권리와 자유가 존중되도록 애써 노력하며, 국내에서든 국제적으로든, 전향적이고 지속적인 조치를 통해 이러한 권리와 자유가 보편적이고 효과적으로 인정되고 지켜지도록 애써 노력하기 위하여, 모든 인민과 모든 국가가 다 함께 달성해야 할 하나의 공통 기준으로서 유엔 회원국 인민들과 회원국의 법적 관할하에 있는 영토의 인민들에게 세계 인권 선언을 선포하는 바이다.

제1조

모든 사람은 자유로운 존재로 태어났고, 똑같은 존엄과 권리를 가진다. 사람은 이성과 양심을 타고났으므로 서로를 형제애의 정신으로 대해야 한다.

제2조

모든 사람은 인종, 피부색, 성, 언어, 종교, 정치적 견해 또는 그 밖의 견해, 출신 민족 또는 사회적 신분, 재산의 많고 적음, 출생 또는 그 밖의 지위에 따른 그 어떤 구분도 없이, 이 선언에 나와 있는 모든 권리와 자유를 누릴 자격이 있다.

더 나아가, 어떤 사람이 속한 곳이 독립국이든, 신탁통치령이든, 비자치령이든, 그 밖의 어떤 주권상의 제약을 받는 지역이든 상관없이, 그곳의 정치적 지위나 사법관할권 상의 지위 혹은 국제적 지위를 근거로 사람을 구분해서는 절대로 안 된다.

제3조

모든 사람은 생명을 가질 권리, 자유를 누릴 권리, 그리고 자기 몸의 안전을 지킬 권리가 있다.

제4조

어느 누구도 노예가 되거나 타인에게 예속된 상태에 놓여서는 안 된다. 노예제도와 노예매매는 어떤 형태로든 일절 금지된다.

제5조

어느 누구도 고문, 또는 잔인하고 비인도적이거나 모욕적인 처우 또는 처벌을 받아서는 안 된다.

제6조

모든 사람은 그 어디에서건 법 앞에서 다른 사람과 똑같이 한 인간으로 인정받을 권리가 있다.

제7조

모든 사람은 법 앞에서 평등하며, 어떤 차별도 없이 똑같이 법의 보호를 받을 자격이 있다. 모든 사람은 이 선언에 위배되는 그 어떤 차별에 대해서도, 그리고 그러한 차별에 대한 그 어떤 선동 행위에 대해서도 똑같은 보호를 받을 자격이 있다.

제8조

모든 사람은 헌법 또는 법률이 보장하는 기본권을 침해당했을 때 해당 국가의 법정에서 적절하게 구제받을 권리가 있다.

제9조

어느 누구도 함부로 체포 또는 구금되거나 해외로 추방되어서는 안 된다.

제10조

모든 사람은 자신의 권리와 의무가 무엇인지를 가려내고, 자신에게 가해진 범죄 혐의에 대해 심판받을 때에, 독립적이고 불편부당한 법정에서 다른 사람과 똑같이 공정하고 공개적인 재판을 받을 자격이 있다.

제11조

1. 형사상 범죄 혐의로 기소당한 사람은 누구나 자신의 변호를 위해 필요한 모든 법적 보장이 되어 있는 공개재판에서 법에 따라 정식으로 유죄 판결이 나기 전까지 무죄로 추정받을 권리가 있다.
2. 어떤 사람이 이전에 국내법 또는 국제법상 범죄가 아니었던 일을 행하거나 행하지 않았던 것을 두고 그 후에 유죄로 판결해서는 안 된다. 또한 범죄를 저지른 당시에 부과할 수 있었던 처벌보다 더 무거운 처벌을 그 후에 부과해서도 안 된다.

제12조

어느 누구도 자신의 사생활, 가족관계, 가정, 또는 타인과의 연락에 대해 외부의 자의적인 간섭을 받지 않으며, 자신의 명예와 평판에 대해 침해를 받지 않는다. 모든 사람은 그러한 간섭과 침해에 대해 법의 보호를 받을 권리가 있다.

제13조

1. 모든 사람은 자기 나라 내에서 어디든 갈 수 있고, 어디에서나

살 수 있는 자유를 누릴 권리가 있다.

2. 모든 사람은 자기 나라를 포함한 어떤 나라로부터도 출국할 권리가 있으며, 또한 자기 나라로 다시 돌아올 권리가 있다.

제14조

1. 모든 사람은 박해를 피해 다른 나라에서 피난처를 구할 권리와 그것을 누릴 권리를 가진다.

2. 그러나 이 권리는 순수하게 비정치적인 범죄로 제기된 법적 소추, 또는 유엔의 목적과 원칙에 위배되는 행위로 제기된 법적 소추의 경우에는 적용되지 않는다.

제15조

1. 모든 사람은 국적을 가질 권리가 있다.

2. 어느 누구도 함부로 자신의 국적을 빼앗기지 않으며, 또한 자신의 국적을 바꿀 권리를 부정당하지 않는다.

제16조

1. 성인이 된 남녀는 인종이나 국적, 종교에 따른 어떠한 제약도 받지 않고, 결혼할 수 있는 권리 그리고 가정을 이룰 권리가 있다. 남성과 여성은 결혼 시, 결혼 중, 그리고 이혼 시에 서로 똑같은 권리를 가진다.

2. 결혼은 오직 배우자가 되려는 당사자 간의 자유롭고 완전한 합의에 의해서만 유효하다.

3. 가정은 사회의 자연적이고 기초적인 구성단위이므로 사회와 국가의 보호를 받을 자격이 있다.

제17조

1. 모든 사람은 다른 사람들과 공동으로 그리고 단독으로 재산을 소유할 권리가 있다.

2. 어느 누구도 자기 재산을 함부로 빼앗기지 않는다.

제18조

모든 사람은 사상의 자유, 양심의 자유, 그리고 종교의 자유를 누릴 권리가 있다. 이러한 권리에는 자신의 종교 또는 신앙을 바꿀 자유도 포함된다. 또한 이러한 권리에는 혼자 또는 다른 사람들과 함께, 공개적으로 또는 사적으로, 자신의 종교나 신앙을 가르치고 실천하고 예배드리고 엄수할 자유가 포함된다.

제19조

모든 사람은 의사 표현의 자유를 누릴 권리가 있다. 이 권리에는 간섭받지 않고 자기 의견을 지닐 수 있는 자유와, 모든 매체를 통하여 국경과 상관없이 정보와 사상을 구하고 받아들이고 전파할 수 있는 자유가 포함된다.

제20조

1. 모든 사람은 평화적 집회와 결사의 자유를 누릴 권리가 있다.

2. 어느 누구도 어떤 모임에 소속될 것을 강요당해서는 안 된다.

제21조

1. 모든 사람은 자기가 직접 참여하든 또는 자유롭게 선출된 대표를 통해서 간접적으로 참여하든 간에, 자기 나라의 국정에 참여할 권리가 있다.

2. 모든 사람은 자기 나라의 공직을 맡을 평등한 권리가 있다.

3. 인민의 의지가 정부 권위의 토대를 이룬다. 인민의 의지는 주기적으로 시행되는 진정한 선거를 통해 표출된다. 이러한 선거는 보통선거와 평등선거로 이루어지고, 비밀투표 또는 비밀투표에 해당하는 자유로운 투표 절차에 따라 시행된다.

제22조

모든 사람은 사회의 구성원으로서 사회보장을 받을 권리가 있다. 또한 모든 사람은, 국가의 자체적인 노력과 국제적인 협력을 통해, 그리고 각국이 조직된 방식과 보유한 자원의 형편에 맞춰 자신의 존엄성과 인격의 자유로운 발전에 반드시 필요한 경제적·사회적·문화적 권리를 실현할 자격이 있다.

제23조

1. 모든 사람은 노동할 권리, 자유롭게 직업을 선택할 권리, 공정하고 유리한 조건으로 일할 권리, 그리고 실업 상태에 놓였을 때 보호받을 권리가 있다.

2. 모든 사람은 어떠한 차별도 받지 않고 동일한 노동에 대해서 동일한 보수를 받을 권리가 있다.

3. 모든 노동자는 자신과 그 가족이 인간적으로 존엄을 지키고 살아갈 수 있도록 정당하고 유리한 보수를 받을 권리가 있다. 또한 이러한 보수가 부족할 때에는 필요하다면 여타 사회 보호 수단을 통한 부조를 제공받을 권리가 있다.

4. 모든 사람은 자신의 이익을 지키기 위해 노동조합을 결성하고 그것에 가입할 권리가 있다.

제24조

모든 사람은 휴식을 취하고 여가를 누릴 권리가 있다. 이러한 권리에는 노동시간을 적절한 수준으로 단축할 수 있는 권리 그리고 정기적인 유급 휴가를 받을 권리가 포함된다.

제25조

1. 모든 사람은 자신과 가족의 건강과 안녕에 적합한 생활 수준을 누릴 권리가 있다. 이러한 권리에는 음식, 입을 옷, 주거, 의료, 그리고 생활에 필요한 사회서비스 등을 누릴 권리가 포함된다. 또한 실업 상태에 놓였거나, 질병에 걸렸거나, 장애가 있거나, 배우자와 사별했거나, 나이가 많이 들었거나, 그 밖에 자신의 힘으로 어찌할 수 없는 형편이 되어 생계가 곤란해진 모든 사람은 사회나 국가로부터 보호를 받을 권리가 있다.

2. 자식이 딸린 어머니 그리고 어린이 · 청소년은 사회로부터 특

별한 보살핌과 도움을 받을 자격이 있다. 모든 어린이 · 청소년은 그 부모가 결혼한 상태에서 태어났건 아니건 간에 똑같은 보호를 받는다.

제26조

1. 모든 사람은 교육받을 권리가 있다. 적어도 초등교육과 기본교육 단계에서는 무상교육을 실시해야 한다. 초등교육은 의무적으로 실시해야 한다. 보통 사람들이 큰 어려움 없이 기술교육과 직업교육을 받을 수 있어야 하며, 고등교육은 오직 학업능력으로만 판단하여 모든 사람에게 똑같이 개방되어야 한다.

2. 교육은 인격을 온전하게 발달시키고, 인권과 기본적 자유를 더욱 존중할 수 있도록 그 방향을 맞춰야 한다. 교육은 모든 국가, 모든 인종집단 또는 모든 종교집단이 서로 이해하고 서로 관용하며 친선을 도모할 수 있게 해야 하고, 평화를 유지하기 위한 유엔의 활동을 촉진해야 한다.

3. 부모는 자녀가 어떤 교육을 받을지를 우선적으로 선택할 권리가 있다.

제27조

1. 모든 사람은 자기가 속한 공동체의 문화생활에 자유롭게 참여할 권리, 예술을 즐길 권리, 학문적 진보와 그 혜택을 함께 누릴 권리가 있다.

2. 모든 사람은 자신이 만들어 낸 모든 학문, 문예, 예술의 창작물

에서 생기는 정신적 · 물질적 이익을 보호받을 권리가 있다.

모든 사람은 이 선언에 나와 있는 권리와 자유가 온전히 실현될 수 있는 사회체제 및 국제체제에서 살아갈 자격이 있다.

1. 모든 사람은 자신이 속한 공동체에 대하여 의무를 진다. 어떤 사람이든 그러한 공동체를 통해서만 자신의 인격을 자유롭고 온전하게 발전시킬 수 있기 때문이다.

2. 모든 사람이 자신의 권리와 자유를 온전하게 행사할 수 있지만, 다음과 같은 경우에는 예외적으로 그러한 권리와 자유가 제한될 수 있다. 즉, 타인에게도 나와 똑같은 권리와 자유가 있다는 사실을 인정하고 존중해 주기 위해 제정된 법률에 의해서, 그리고 민주사회의 도덕률과 공중질서, 사회 전체의 복리를 위해 정당하게 요구되는 사안을 충족시키기 위해 제정된 법률에 의해서는 제한될 수 있다.

3. 그 어떤 경우에도 이러한 권리와 자유를 유엔의 목적과 원칙에 어긋나게 행사해서는 안 된다.

이 선언에 나와 있는 어떤 내용도 다음과 같이 해석해서는 안 된다. 즉, 어떤 국가, 집단 또는 개인이 이 선언에 나와 있는 그 어떤 권리와 자유라도 파괴하기 위한 활동에 가담할 권리가 있다고 암시하거나, 그러한 행동을 할 권리가 있다는 식으로 해석해서는 절대로 안 된다.